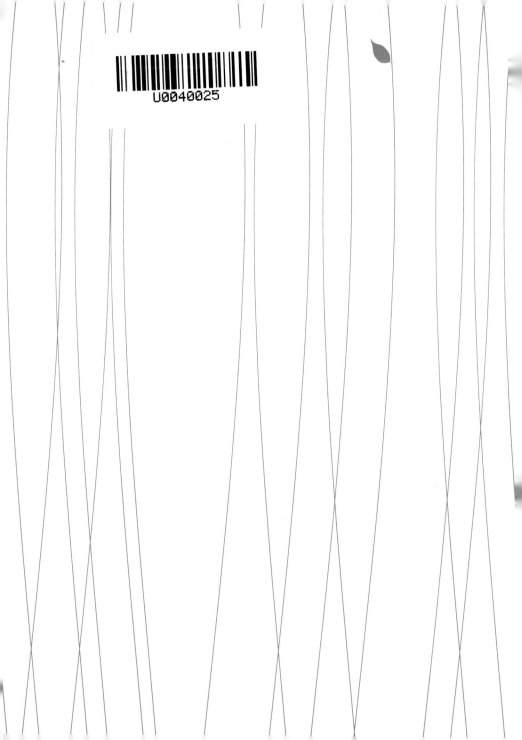

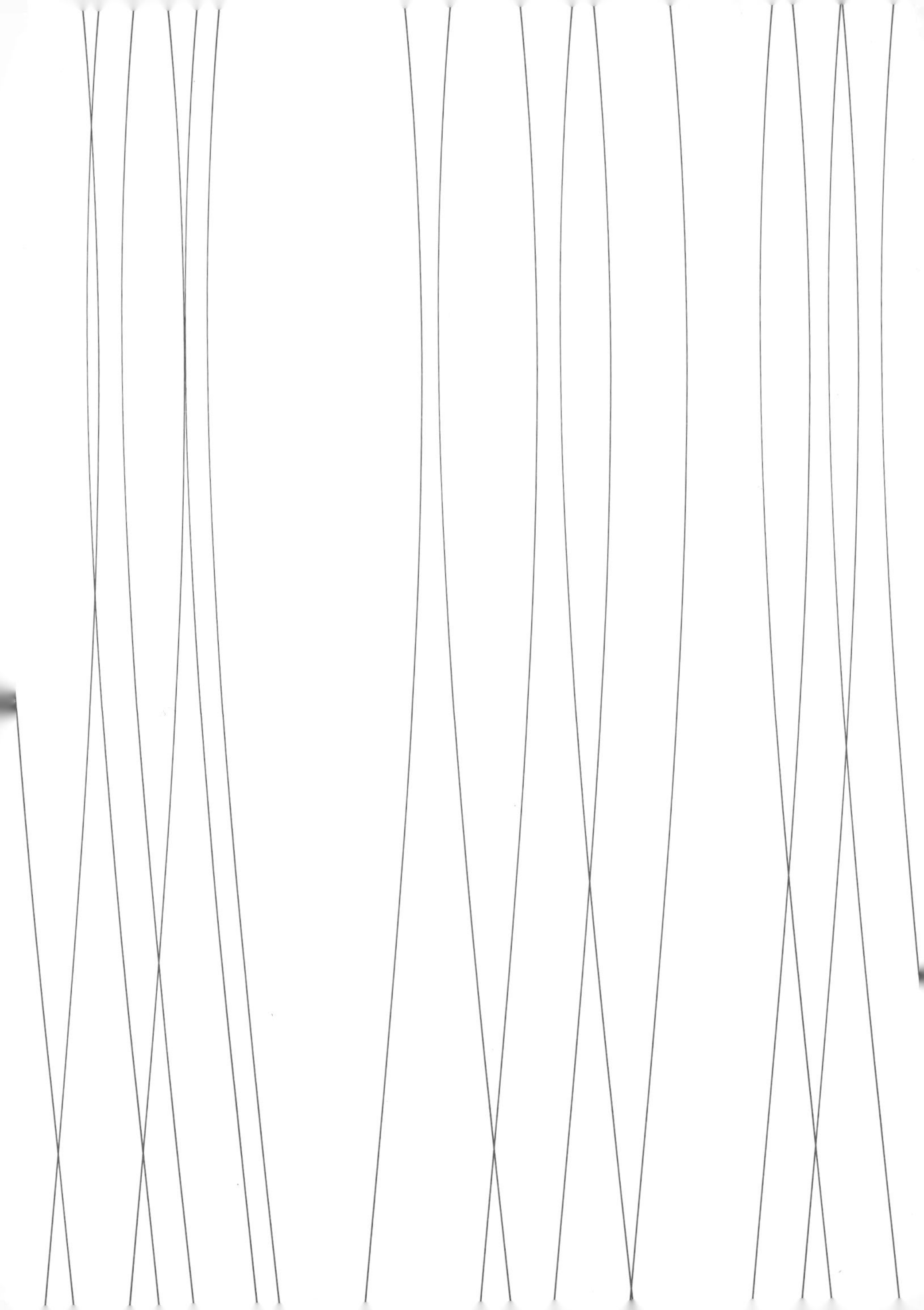

黃金之葉

行進於知識的密林裡，
途徑如此幽微。
我們尋覓一些參天古木，作爲指標，
我們也收集一些或隱或現的黃金之葉，引爲快樂。

黃金之葉
14

Net and Books 網路與書

給後來者言：商人與企業家的社會責任

Unto This Last: Four Essays on the First Principles of Political Economy

作者：約翰．拉斯金（John Ruskin）
譯者：薛絢
導讀：吳雅鳳
責任編輯：張雅涵
封面設計：何萍萍
美術編輯：Beatniks
校對：呂佳真

法律顧問：董安丹律師．顧慕堯律師
出版者：英屬蓋曼群島商網路與書股份有限公司台灣分公司
發行：大塊文化出版股份有限公司
台北市 10550 南京東路四段 25 號 11 樓
www.locuspublishing.com
TEL：(02)8712-3898　FAX：(02)8712-3897
讀者服務專線：0800-006689
郵撥帳號：18955675
戶名：大塊文化出版股份有限公司

總經銷：大和書報圖書股份有限公司
地址：新北市新莊區五工五路 2 號
TEL：(02)8990-2588　FAX：(02)2290-1658
製版：瑞豐實業股份有限公司

初版一刷：2017 年 1 月
定價：新台幣 250 元
ISBN：978-986-6841-60-6

Unto This Last
給後來者言

Four Essays on the First Principles of Political Economy
商人與企業家的社會責任

約翰·拉斯金 John Ruskin 著
薛絢——譯 吳雅鳳——導讀

金錢上的收穫只是真實收穫的影子，人才是真實的收穫。

The money-gain being only the shadow of the true gain, which is humanity.

目錄

出版緣起：變動時代裡可以相信的事情

郝明義

很多工作，需要為一種理念而奉獻，甚至不惜性命的堅定。譬如要革命的政治人物，戰場上的軍人等等。

但是商人呢？商人對自己的理念，到底應該堅持到哪個地步呢？有段時間，我很好奇。

商人的目的不就是營利嗎？一個追求營利的人，到底有什麼理念好堅持？這種堅持會不會算是食古不化？

後來，沒想到因為看甘地的一本書而找到答案。

一次大戰之前，甘地在南非的那段時間，有天要從約翰尼斯堡搭火車去德班。在火車站，一位來送行的朋友，塞給他一本書，好在二十四小時車程的旅途中閱讀。後來，甘地在他的自傳中，有一章名之為〈一本書的神奇魔咒〉，專門談這本書對他的影響。[1]

甘地從拿起書就放不下。火車在傍晚時分到站，可是他那天夜裡根本無法入睡。

甘地在回憶錄裡說，他不是閱讀很多的人。在他上學的時候，除了教科書之外，他幾乎什麼也不碰。出社會工作後，也很少時間閱讀。不過也正因為如此，他讀到一本書，就會大力消化。而他在火車上讀到的這一本書，則立刻給他帶來了巨大的衝擊。

「我決心根據這本書的理念，改變我的人生。」甘地說，從而開啟了他日後的人生之路。

這本書名叫《給後來者言》（*Unto This Last*），十九世紀的英國人約翰．拉斯金（John Ruskin）的作品。而甘地因為太過重視這本書，後來將此書局部濃縮，以印度的古吉拉特文改寫，之後，再由古吉拉特文翻譯成英文，是為《萬福之書》（*Sarvodaya: A Paraphrase of "Unto this Last"*）。我最先看到的是甘地的濃縮版，後來再看《給後來者言》。

約翰．拉斯金是一百多年前英國一位兼有藝術家、文學家等多重身分的人，但是他寫的《給後來者言》，卻可以說是一本給商人和企業經營者看的書。

甘地說他特別感動的，是拉斯金談論個人與群體的關係，以及工作的價值，尤其是是體力勞動的價值。而我，則是沒想到拉斯金回答了我這篇文章一開始所提出的那個問題。

拉斯金認為，雖然商業的發展，使大家認為商人的本質就是要為自己打算的（selfish），並且為了追求利潤，無商不奸（cheat）也是可接受的，但他覺得這是必須揚棄的想法。

所以他說：

> 人們從未聽過誰清清楚楚解釋商人與其他人一樣負有的真正職責。我要為讀者把這一點講清楚。

拉斯金認為：

> 軍人的職業是**保衛**國家。
>
> 牧師的職業是**教導**國家。
>
> 醫生的職業是**維護**國家**健康**。
>
> 律師的職業是**實施**國家中的**公義**。
>
> 商人的職業是**供給**國家所需。

而這些人都有各自以身相殉的原則：

軍人寧死也不擅離戰場上的崗位。
醫生寧死也不拋下救治瘟疫病患的職守。
牧師寧死也不宣講謬誤謊言。
律師寧死也不支持不公不義。

那商人寧死也不背棄的原則又是什麼？

拉斯金認為有兩點：

第一，身為商人，他供應的商品與服務的「完善與純正」（the perfectness and purity）；

第二，身為商人，需要和上中下游這麼多環節的人相互交易、工作，他不能只為一己之利著想，而必須透過產品的製造，貨品的交易，而「有益」（beneficial）於所有參與的人。

從這「有益」的角度出發，拉斯金提出一個商人種種該有的作為與堅持。尤其是對一些公正法則的堅持。

為什麼公正法則這麼重要？

拉斯金的說法很幽默：

遵照供需的法則生存乃是魚類的特權，也是鼠類與狼群的特權；但人類異於禽獸，遵照公正的法則生存。

所以，商人對這些公正法則的堅持也要到不惜以身殉道的地步。

至於商人為國而死的「適時」是什麼時候？

拉斯金的回答是：

這是商人該自問的，也是我們都該問的主要問題。因為，說實話，人若不知道什麼時候應當赴死，也就不會知道該怎麼活。

在這本書出版的一百多年後，沒有人會否認今天是個變動的時代。世界各地，以及各個行業與領域，都如此。商業世界，更是。各種商業遊戲的體系被破壞，各種熟悉的環境不再，各種過去幹練的經歷不足恃，各種拿手的工作方法失去作用。

在重重的生存壓力下，商人很容易什麼都可以堅持，就是原則不必堅持。

但是《給後來者言》顯然不是這麼說的。

當然，拉斯金寫這本書的時空背景，畢竟和今天不同。所以書裡談的一些細節，也和今天有差異。但是這本書告訴我們商業與財富中所存在的榮譽、道德與公義的脈絡，為什麼有些原則是應該堅持到以身相殉，又可以如何從其中享受到快樂與幸福，則是在今天聽來仍然清越明亮。

這是變動時代裡可以相信的事情。

註解

1 編註：見本書附錄〈一本書的神奇魔咒〉。

導讀：道德的經濟法則

吳雅鳳（台大外文系教授）

約翰．拉斯金（一八一九—一九〇〇）生於拿破崙戰爭後、卒於維多利亞女王去世前一年，見證了英國逐漸成為歐洲最強殖民帝國的歷史過程。他的社會與文化思想先是堅守浪漫主義獨立自由的精神，後來漸漸成為維多利亞保守意識的中堅，也因為這兩種態度的爭執對立，他的作品常有自相矛盾的傾向，但也不刻意遮掩自我的衝突，反而鋪陳兩相的拔河消長，讓讀者做最後的裁斷。他生於倫敦，父親約翰．詹姆斯．拉斯金（John James Ruskin）來自蘇格蘭，經營酒品貿易，非常成功，足以培育兒子進入牛津大學，並終其一生以寫作文學與文化評論為志業。拉斯金的母親則是虔誠的福音派

（Evangelicalism）基督徒，拉斯金常在作品裡回憶兒時與母親共讀《聖經》的場景，《欽定本聖經》（*King James Bible*）的道德規範、意象與音樂性對拉斯金都有深刻的影響。他從小身體孱弱，在就讀牛津大學時，還因此搬出學院，在校外的大街（High Street）上租賃房子，好由母親親自照顧起居。他的學業表現優異，但最後還是因病無法參加高等晉級考試。

綜觀拉斯金龐雜的思想體系可分為三個相互牽連的核心：繪畫、建築與社會，關懷的範圍逐漸擴大：從源生於自然的美學形式如何掌握了新時代的脈動，以貼近自然永恆的本質；到哥德建築形式的歷史沿革，追求復興中古敬天扶弱的社會架構；最後以對地質、博物學的鑽研作為了解宇宙與人類社會的基礎，向大眾力諫，指出當時風行以追求最大利益為主的政治經濟理論，其實貶低人際情義，獨尊交換價值，終將社會帶向墮落的地獄。總體而言，他繼承了浪漫主義時期柯立芝[1]所立下的文化祭司（clerisy）使命。

拉斯金在全長五冊的《現代畫家》（*The Modern Painters*，一八四三—六〇）中，成功地將當時飽受批評的畫家透納[2]翻轉為英國十九世紀的繪畫大師，以嶄新的個人藝術風格，讓觀者有機會貼近宇宙自然最純淨的真實。他還以「師法自然」（true to nature）為最高原則，不遺餘力地支持前拉斐爾兄弟會畫派（Pre-Raphaelite Brotherhood）執意復古的手法與主題。一八四九年他發表了《建築的七盞明燈》（*The Seven Lamps of Architecture*），主張建築美學形式乃根植於宗教與道德情操的信念。一八五〇年代，他則親赴威尼斯各哥德式建築，透過親手繪製建築結構與裝飾，鑽研威尼斯歷史中政治與宗教的扞格，並出版三冊圖文並茂的《威尼斯之石》（*The Stones of Venice*，一八五一—五三）。當時歐洲大陸許多國家因民族獨立運動，以致社會動盪不安，英國境內也因政治改革、新教與天主教勢力相互抗衡而喧囂不止，拉斯金選擇以繪畫評論以及與人民生活實質相關的建築形式論述，作為介入這個紛擾世代的方式。他這三冊集中討論威尼斯的作品，將一八三〇年代便萌芽的哥德復興式建築運動發展推送至最頂峰，也使維多利亞社會重新了解到中古藝術對工匠的敬重，相較於工業革命藉機器大量生產與強調分工，對勞工體力的剝削與心靈的箝制，兩者形成極大對比。《威尼斯之石》將威尼斯式哥德風格的衍生，放在該地獨特的歷史框架中討論。拉斯金認為威尼斯在早期曾有的輝煌，最深刻的淵源便是它的地緣位置：東西方文明和南北歐文化在此交會。因此威尼斯式哥德風格乃是摩爾文明與歐洲基督教文明衝擊下最鮮明的產物。拉斯金獨具一格地點出，歐洲一向推崇的文藝復興，其實是文化的畸形發展，代表基督教向希臘羅馬的異教文化低頭。反之，他特別強調中古時期純淨基督教文化。這便是他對哥德風格讚美有加的原因。《威尼斯之石》中，第二冊第二部的第一章〈哥德藝術的本質〉（The Nature of Gothic），對日後的影響最為深遠。拉斯金解釋，推崇希臘風格的新古典主義要求完美整齊的作工，以及工業革命以來要求工人配合機器生產所做的瑣碎分工，使得工人與最終的成品之間漸行漸遠，「勞動」一事被剝奪了工業革命以前的愉悅與成就感。他呼籲與他同樣生活不虞匱乏的中產與上層階級讀者，重新檢視家中的裝潢擺設，容許工匠保持個別差異，讓他們充分發揮創意，就像中古哥德藝術不要求表面的完美，允許缺陷或不一致的韻律。因為美好的事物除了為擁有者帶來喜悅，工匠製作的過程也應是愉快的。

拉斯金對哥德復興式建築運動的影響深遠，後來在一八七〇年代，連他自己都不好意思地說，英國處處可見培根般的磚砌橫條裝飾與高聳的尖塔，即所謂拉斯金式哥德復興風格（Ruskinian Gothic），其實並不如大眾想像中那樣具有前瞻性。拉斯金式哥德復興風格，在實際的建築史上並未造成太大回響。但還是有些建築師或教會以繼承拉斯金的哥德風格為榮，比如美國波士頓位於市中心以哥德復興風格著稱的公共圖書館，還有對街的老南方教會（Old South Church），便以拉斯金強調的多樣化裝飾所塑造的美感，作為親近基督教會眾與一般訪客的特色。

一八七〇年代之後，他將關懷重心從藝術形式與精神轉向社會道德與正義的捍衛，完全以代表社會良心的先知自期。藝術與社會正義一直是他思想的雙重焦點。一八七〇年他就任為牛津大學第一任斯萊德美術講座教授（Slade Professor of Fine Art），開始在牛津、劍橋與其他各大城市與大學宣揚他的人文藝術理念。次年開始到一八八四年為止，他也每月以公開信札的方式，向英國的勞工階級推廣人文教育與公平正義理念，最後一共發表了九十六封信札，集結成小冊子，以《拿著鎖鑰的命運女神》（*Fors Clavigera*）為書名出版。此書名代表三種勢力的結合：希臘神話中大力士赫屈力斯（Hercules）的棒槌、尤利西斯（Ulysses）的鑰匙與利克格斯（Lycurgus）的釘子，三者聯合將改變人類的集體命運。這些信件的體例時是私人晤談，時是嚴肅辯論，可說為《給後來者言》提供了思想與風格的寶庫。拉斯金也將理念化為實踐，成立了聖喬治公會（The Guild of St George），致力提供勞工階級接受教育的機會與協助維護權益。他最後由於個人對何為「真實」的執著，與前拉斐爾派畫家產生歧異，甚至為了藝術風格，與前衛畫家惠斯勒[3]對簿公堂。一連串事件加重他長期以來虛耗的神經，最後終於崩潰。《聖經》裡的終極先知耶利米[4]啟發他甚深，這樣的角色成全了他作為中流砥柱的決心，也預示了他最後難遇知音的悲劇。

拉斯金終其一生對自然世界的觀察無微不至，舉凡植物、礦物、地質地形、天氣等等，都有仔細的研究，並蒐集各地的樣本，尤其是蒐集地質化石材料，更是他自小鍾愛的活動。他在法國、義大利旅行研究哥德式建築的同時，也在瑞士阿爾卑斯山研究當地各獨立的州治（canton）歷史沿革與冰河地形，他的兩部巨作《現代畫家》與《威尼斯之石》便是在自然形式中汲取人類藝術與居所的源頭、營養以及人倫道德的根基身體力行的成果。牛津大學自然歷史博物館可說是依據他對材料的講究與紋飾理念所建立。此博物館於一八五〇年代在科學家阿克嵐（Henry Acland）的提倡下開始興建，阿克嵐認為應該彌補牛津大學長久以來對神學、哲學、古典歷史與文學的偏重，企圖強調自然實應是上帝的第二本書，值得學者透過對自然物質的觀察、研究去分析與了解。此博物館陳列礦物、化石、植物古生物與帝國邊陲的罕見動植物標本，最受歡迎的便是《愛麗絲夢遊仙境》中的鮮活角色，目前已絕種的嘟嘟鳥（Dodo bird）以及碩大的恐龍化石。博物館以鋼鐵為骨架，大片玻璃作為採光，是當時最先進的建材，與一八五一年的倫敦世界博覽會所選的建築材料相當。館內每一道梁柱皆採用英國當地的石材，並且在底部有標籤說明產地，每一道梁柱的顏色、紋路與柱頭裝飾皆不同，就像是另一系列的展示品，博物館各個元素的裝飾花紋則以模仿自然形式為主。除了豐富的陳列物外，也展示知名科學家與自然學家的紀念雕像。整個博物館就是古代與現代交會的場域，科學與藝術交流的空間。一八五九年達爾文《物種起源》（*On the Origin of Species*）出版，隔年便在此館舉辦英國第一場有關進化論的辯論。目前博物館特別強調與當地社群的連結，設計許多家庭與小孩的活動，訓練學生以日常生活潛移默化的方式，與自然歷史有深刻的接觸。這便實踐了拉斯金教育與文化的核心理念。

他晚年回到英國北方的湖區定居，在康尼斯頓湖（Coniston Water）畔買下柏安特林園（Brantwood），最後也長眠於此。現在柏安特林園受英國國家信託（National Trust）的規劃管轄，由當地居民所組成的義工隊盡心維護拉斯金當年對室內與山林花園的經營。訪客除了可以一窺拉斯金對內外居住環境的精心設計，週末更有詳細的室內室外導覽，也安排兒童在花園尋寶的路徑，還不定時地推出有關拉斯金與十九世紀文化運動的展覽，譬如結合當地石材所做的敲擊樂器展覽，讓孩童可以動手觸摸打擊來探索，更有號稱世界最具藝術性的洗手間令人驚豔。在在都可看出當地人民對拉斯金的敬重，企圖將其對文化與美學教育的信念持續發揚光大。若是能在所附餐廳的戶外餐區品嘗下午茶，佐以湖區特產的奶油，在藍天白雲綠草如茵的湖區，也算親炙大師對生命與自然的執著。

《給後來者言》（*Unto This Last*）原計七章，最初發表於《康希爾雜誌》（*Cornhill Magazine*），[5]但因飽受爭議，雜誌發行人敕令編輯停止連載，僅讓拉斯金以第四章作結；最後拉斯金在一八六二年拉斯金將其四章集合成冊，也就是《給後來者言》。書名源自《新約聖經》〈馬太福音〉[6]第二十章，耶穌以葡萄園為譬喻，無論加入工作行列的先後，都可得到一天的工資（I will give unto this last, even as unto thee），[7]來說明在上帝救恩前人人平等，甚至那些死前才懺悔歸向真神的人也會獲得同樣的救贖，因為聖恩全看上帝的旨意，被召的人多，但最後選上的人少（So the last shall be first, and the first last: for many be called, but few chosen.）。[8]我們無法憑藉人的智慧與計算來左右上帝的計畫。拉斯金以《聖經》上「相同工資／救恩」的譬喻，企圖揭露古典經濟學家亞當．斯密與彌爾所倡導的政治經濟理論[9]盲點。兩位古典經濟學家以上帝不干涉人類社會的經濟活動為依據，強調自由市場的運作模式也不容政府做太多無謂的干預。拉斯金指出，他們的理論其實已然放棄了經濟學的政治層面，即對公民社會（polis）的關懷，僅以資本家所能得到的最大利益為絕對標準，間接迫使勞力與物資的提供者削價競爭，長此以往，根本無法顧及底層弱勢的基本生活權，更遑論資本家對社會公平正義所應負的責任。拉斯金以政治經濟理論的基本計算邏輯，揭穿這類論述判斷物品只在交換時產生「價值」的謬誤認定。我們不應期待用一成不變的機械式數學公式，就可清楚解釋人類社會的運作，更遑論以數學公式來規劃分割各個層級所應享有的基本福祉與未來繁榮。一個最好的例子便是軍隊，一個受士兵尊敬愛戴的將軍，才能號召下屬同心協力、視死如歸，軍隊整體才能成功地像一個和諧的生命共同體般運作，無攻不克，無堅不摧。拉斯金並非強調每個人的所得薪資應該相同，那是共產主義齊頭式的平等，將造成社會的停滯，並不是他所樂見的。他所強調的是基於人類情感的社會正義，如何有效限制由掌握資本而生的權力，才不至於造成權傾一時、不可一世的資本權貴，可以對他們所掌握的人們予取予求，進行各種形式的剝削壓榨。

其實早在一八五七年，拉斯金在英國北方工業大城曼徹斯特發表兩場有關「藝術的政治經濟學」（The Political Economy of Art）的演講，便已宣示他對當代社會經濟現象的關懷。這些強調宗教悲憫精神與社會正義的理念，與他的成長背景自然有關。即使一八五八年在義大利杜林經歷了「反皈依」（un-conversion）後，他已不再恪守福音派的嚴峻教條，而轉向比較注重自由的基督教義。[10]但在《給後來者言》裡，他深稔資本主義的邏輯，也嚴守基督教福音教派對個人靈性的要求，這部作品便是在記帳用的紙張上寫就。[11]拉斯金深刻了解到當時社會新興中產階級的中心思想基本還是基督教福音教派，他們咸認為自身在商業體制的成功便是上帝救恩的彰顯。拉斯金從《新約》的譬喻出發，對他們進行道德喊話，要求他們正視所謂財富與價值的真正意義，以及他們對社會弱勢階層的道德責任。他的論述雖然暫時離開了原本經文包含喀爾文教派（Calvinism）「定命論」（Predestination）的傾向，但是最終還是祭出神恩的不可捉摸，來提醒資產階級須戒慎恐懼，商業主義自由競爭的遊戲規則對他們當下的專寵，並非不可逆轉，歷史上幾番巨大的財政泡沫危機，皆是所謂自由市場或放任政策（laissez-faire）畸形發展的後果。這本書的宗旨在於檢討基督教與資本主義鏈結環扣的正當性，將商業成功與上帝救恩的關聯擴大解釋，要求資產階級重新檢視長久以來對財富與價值的定義。拉斯金指責以彌爾為首的經濟效用主義，欲將商業經濟行為模式推向完全的世俗化，只用所謂「最大效用／利益」為絕對座標，而忽略了達到此最大效益的手段，並非透過降低工資或擴大供給面，而是須鞏固勞資雙方共載共榮的情義，以及整體國家社會的和諧倫常。社會學家馬克思．韋伯（Max Weber）對西方現代社會提出以科學與工業革命為軸、資本主義為經緯的直線性發展，即所謂「除魅」（disenchantment）、世俗化（secularization）乃是現代性的基礎。而拉斯金的理念正揭露了這類直線性歷史觀的謬誤與危害。

本書的第一部分〈榮譽的根本〉，探討雇主與勞工符合情理的相互關係。第二部分〈財富的脈絡〉，對於「財富」提出與時俱進的中肯定義。「財富」不只是如斯密所言，有用物資的累積，其精神其實是對其他人的掌握與控制，如此物資才會對擁有人產生效用。第三部分〈人世的審判官〉，強調工業革命後，生產方式與產值在質變與量變的情況下，社會「正義」應有的新解。第四部分〈價值為本〉，則在商業交換的機制以外，重新定義「價值」。

拉斯金的影響擴及十九世紀英國社會文化的各個層面。同時代的門徒就是莫里斯，[12]後者倡導的「藝術與工藝運動」（Art and Crafts Movement），企圖恢復中古時期藝術與工藝不分的精神，將藝術重新融合在日常生活中。[13]他與好友建築師魏伯（Philip Webb）共同設計建造的紅舍（Red House），更是結合拉斯金哥德建築與唯美派（Aestheticism）室內外設計的精品，也是前拉斐爾畫派藝術家共同生活與合作的小烏托邦。莫里斯同時成立了克爾斯考特出版社（Kelmscott Press），致力於恢復類似中古《聖經》手抄本圖文並茂的形式，曾出版《魯拜集》（*Rubaiyat*）、拉斯金的《哥德藝術的本質》、喬叟（Chaucer）的《坎特伯里故事集》（*Canterbury Tales*）等。到了二十世紀，美國知名建築家萊特（Frank Lloyd Wright）也曾表示，《威尼斯之石》是他在建築理念上的啟蒙之書。在拉斯金的社會政經論述上，印度聖雄甘地（Mohandas Karamchand Gandhi）與美國黑人民權運動領袖金恩博士（Martin Luther King, Jr.）皆推崇《給後來者言》對他們自己政治理念與行動的影響。

最後我們再回到〈馬太福音〉的葡萄園寓言，主人決定不論工時多少，給予所有參與工人同樣的工資。耶穌以神恩深不可測作為解釋的框架，這個做法在《新約聖經》傳述的當年便引起辯論。拉斯金在工業革命如火如荼的一八六〇年代以此譬喻作為其經濟理念的基礎，依然引起不小的爭議。其實拉斯金在政治議題上多半是保守的，我想他引用這個《聖經》譬喻所要強調的，不是基進派（radical）或近似共產主義的齊平式工資，也不是經濟學家用全球供需模式算計出來，保障資方最大利益的「最低工資」（minimum wage），因為純粹數學計算的模式，是將勞工視為毫無個別差異的機器，只有產值的功能。拉斯金主張的是，資方應提供讓大多數勞工足以維生的工資（living wage）。他希望大家了解，勞資共榮才是社會均衡蓬勃發展的基礎，勞資關係的運作模式除了數學的複雜計算外，更重要的還須兼顧雙方的情與義（affection and justice），首要之務應是維護真實的「價值」而非鑽營短期的「利益」。同時這個《聖經》的譬喻也表示，他是在向維多利亞社會中堅喊話——他們因堅信福音教條為社會貧困階級做的各種慈善行為，其實只是做到了短期的紓困，而著實忽略了貧窮的長期原因，乃在於勞資關係的扭曲、只顧及資方利益的算計，而缺少雙方情義的考量。拉斯金強調，只有符合道德的經濟法則，才能兼顧經濟發展與社會正義。這同時也是今天飽受全球化經濟衝擊的我們必須誠實面對的議題。

註解

1 編註：Samuel Taylor Coleridge（一七七二—一八三四）為英國詩人、文學評論家。柯立芝和其友人華茲華斯（William Wordsworth，一七七〇—一八五〇）都是湖畔派詩人（Lake Poets），也是英國浪漫主義文學奠基人。

2 編註：J. M. W. Turner（一七七五—一八五一），英國浪漫主義風景畫家，以油畫聞名於世，也是重要的英國水彩風景畫家。透納被稱為「光之畫家」（painter of light），作品影響了其後的印象派繪畫發展。

3 編註：James McNeill Whistler（一八三四—一九〇三），印象派畫家，生於美國，卒於英國倫敦。惠斯勒追求唯美主義，反對在繪畫中置入道德暗示。

4 編註：Jeremiah，《聖經》中猶大國滅國前、最黑暗時期的一位先知，他是《舊約聖經》裡〈耶利米書〉、〈耶利米哀歌〉、〈列王紀上〉及〈列王紀下〉的作者，被稱作「流淚的先知」，因為他眼見猶大國遠離上帝，苦心勸戒、傳達神意，卻遭受反對、鞭打、監禁等各種打壓，最終只能看著國家淪亡。

5 編註：維多利亞時期文學刊物，由史密斯（George Murray Smith）於一八五九年創辦發行，聘用知名小說家薩克萊（William Thackeray）為編輯，刊載評論文章、連載小說。一九七五年停刊。

6 編註：本書中拉斯金引用、改寫聖經及次經段落皆以《聖經和合本》與《聖經思高本》為準。

7 〈馬太福音〉二〇：十四。

8 〈馬太福音〉二〇：十六。

9 Political Economy，也就是現代經濟學的前身。編註：亞當・斯密（Adam Smith，一七二三—一七九〇），蘇格蘭道德哲學家、經濟學家，斯密是政治經濟理論先驅，所著的《國富論》（*The Wealth of Nations*）為古典經濟學重要著作。彌爾（John Stuart Mill，一八〇六—一八七三），為英國經驗主義哲學家、經濟學家和社會批評家，功利主義學派的最重要代表人物之一。主要著作包括《論自由》（*On Liberty*）、《功利主義》（*Utilitarianism*）、《政治經濟學原理》（*Principles of Political Economy*）等。

10 Daniel Wong, "Toward a Postsecular Economy: John Ruskin's *Unto This Last.*" *Nineteenth-Century Contexts* 34.3 (July 2012), 217-35, 221.

11 Michael Wheeler, *Ruskin's God* (Cambridge: Cambridge UP, 1999), 167.

12 William Morris（一八三四—一八九六），英國畫家、設計師，以家具、壁紙花樣和布料花紋聞名世界。莫里斯也是小說家、詩人、譯者，更是英國社會主義運動先驅。

13 編註：莫里斯於一八八〇年發表的演講〈生活之美〉（The Beauty of Life）中曾提出：「屋內不應放置你找不出用途的物件，也不該擺放你看不出美感的物品。（Have nothing in your house that you do not know to be useful, or believe to be beautiful.）」

朋友，我不虧負你。你與我講定的，不是一錢銀子麼？拿你的走吧，
我給那後來的和給你的一樣，這是我願意的。

——〈馬太福音〉二十：十三—十四

你們若以為美，就給我工價；不然，就罷了。於是他們給了三十塊錢，
作為我的工價。

——〈撒迦利亞書〉十一：十二

前言

這四篇文章是十八個月前在《康希爾雜誌》上發表過的。就我的聽聞得知，曾經引起大多數讀者的激烈譴責。

我並未受到絲毫影響，仍舊自認這四篇是我最理想的作品，也就是說，是最切實、措辭最恰當、題材最有用的文章。而第四篇是我格外用心力所寫，此後也許寫不出這麼好的了。

讀者可能會說：「即便你這麼想，也不能因此就說文章寫得好。」我承認寫得不好，這倒不是我假裝謙虛，我對自己寫的其他文章雖不甚滿意，對於這四篇卻是滿意的。而且我打算盡早在得空的時候徹底析論一下我在這四篇導論中展開的話題，希望方便想要參考它們的讀者採用。所以我以單行本重新發表。這次只改了一個字，是改正估算的重量數字，此外沒有添加任何字。

不過，我雖覺得內容沒有需要修改的地方，卻很後悔把最驚人之語放入第一篇（即是有關以固定工資規劃勞動力之必要）；因為那其實是最不重要的陳述之一，然而並不是我要答辯的立足點之中最不確定的。這四篇文章的真正要旨，以及其中心思想與目標，是第一次用淺白的英文對「財富」提出符合邏輯的定義。柏拉圖與贊諾芬（Xenophon）曾經用上乘希臘文說過，西塞羅（Cicero）與賀拉斯（Horace）也用優雅拉丁文說過。這項定義是經濟學基礎絕對必要的，我相信尚未有人用淺白的英文講過。現代談這個題目的最著名的一篇文章，開頭先提出：「撰文討論政治經濟學的人士表明要教導，或者是要探討，[1]財富的本質」，接著便宣告其論點——「每個人對於財富的意義都有正確觀念，足供日常運用」……「精確計較理論上的定義不在本專論的規劃內。」[2]

我們的確不需要理論上的精確計較。物理上的精確，以及關係實物主體的邏輯精確，卻是我們一定要計較的。

假設探討的主題不是經濟法則（Oikonomia）而是天文法則（Astronomia），作者就像在此不理會輻射財富與反射財富之差別一樣，也不分清楚恆星與行星的差別，開頭就說：「每個人對於天體的意義都有正確觀念，足供日常運用。精確計較天體理論定義並非本專論的目的。」這樣開端的文章，最終的主題陳述仍有可能遠比任何有關財富的專論都言之成理，航海者也會覺得有用，只按通俗財富概念做出結論的任何財富專論，在經濟學家手中卻形同廢物。

因此，以下四篇文章的首要目標便是提出一個準確的、不會動搖的財富定義。其次則要證明，財富之取得最終只有在社會的一定道德條件下才可能發生，而條件的第一項便是：相信世上存在誠實公正的品行，甚至相信誠實公正可以養成。

我們不貿然宣布上帝造物之中最高貴的是什麼或不是什麼，因為這件事絕不是人類說了算，但我們仍可以大致承認波普[3]所言不差，即是，誠正的人是眼下所見的上帝造物中最高貴者之一，而且看來是頗稀罕的造物，但不是不可思議或神奇非凡的造物，更非異於常態。誠正不是一種引起不安、擾亂經濟正軌的力量；而是一種一貫的支配力量，服從了這個力量——而且不要聽從別的，才可保持正軌不發生混亂。

我有時的確聽人批評波普立的標準，不是罵它太高，而是太低。「誠實公正當然是可敬的品行；可是人能做到的豈止於此！除了誠實公正就沒別的要求了嗎？」

敬告諸位，目前是沒有別的了。我們似乎在自我要求更高的時候忽略了該當做到的那一點點。另外還有什麼是我們可能已經喪失信念的，在此就不提了。但是，對於起碼的誠正，以及誠正能發生的作用，我們無疑已經喪失信念，我們的第一要務實在就是恢復並保持這個信念，以及這個信念所依據的事實基礎。我們不但要相信，而且要憑經驗確認，世上有人老老實實做事不是因為害怕失業；[4]不僅如此，任何國家能否長治久安，都與國人之中這種人的多寡成正比。

以下的文章便是針對這兩個要點而發。如何組織勞動力的問題在文中只偶爾觸及；因為，我們一旦能使主事者領導者有了充足的誠實公正，組織勞動力就容易了，還能在沒有爭執與困難的狀況下自行發展。反之，主事者領導者如果做不到誠實公正，要組織勞動力就永無成功之日了。

成功的各個條件，我打算另撰續篇詳加討論。不過，萬一讀者擔心本書的基本要則探討中拋出的建議，將把他們帶進始料未及的危險地帶，我就教他們放心，在此講清楚我希望他們明白的政治理念裡，最糟糕的是什麼。

第一，要在全國各地設立青年職業學校，由政府出資，[5]政府管理。國內出生的每個孩子都可以按父母意願入學（有些個案應強制入學）；在學期間必須由國內最佳師資教導，學習以下三項目（以及本文隨後提到的部分次要知識）：

（*a*）保健要則以及連帶的運動鍛鍊。

（*b*）和藹正直的習慣。

（*c*）個人將從事的行業。

第二，同樣由政府出資設立配合職校教育的工廠與作坊，生產銷售各類生活用品，也演練各類實用技藝。這些工廠完全不干預私人企業，不對民營商業設定任何限制或稅則，反之要讓私人企業盡力施展，能勝過公營企業也無妨。公營企業應做出有公信力的榜樣成果，銷售純正的品質，使願意支付代價的人能確定買到的麵包是好麵包，酒是好酒，勞務是好勞務。

第三，失業的男子、女子、男孩、女孩應當立即納入最鄰近的公立職校接受試用，從事適合他們的工作，給予每年訂定的固定工資。如果發現他們因無知而做不來，就要予以教導；如果是因病不能工作，便應予以醫治；如果是根本不願工作，應當以最嚴格的方式強制他們從事較為費力且低下的必要苦工，尤其是進入礦坑之類危險場所的工作（危險當然已按嚴密規定與控制降至最低），其應得工資要等到工作者明白就業法則的道理之後才可自行支配（強制執法產生的費用已從中扣除）。

第四，也是最後一點，要為老年貧困者提供安適居處；如果其不幸遭遇不是咎由自取而是受體制所害，接受照顧應是光榮的，並不可恥（以下我要重述我在《藝術的政治經濟學》〔*The Political Economy Of Art*〕之中說過的話，讀者可參閱該書一探細節）。因為「賣體力為國家服務的勞工，正如拿劍、拿筆、拿手術刀為國服務的中階人士。假如服務得較少，能健康工作時的工資也從而較少，體衰時得到的報償自然較少，但是並不因此就比較不光榮。勞工由行政堂區領得津貼應是理所當然的事，因為他本當受堂區的照顧，正如地位較高的人領取國家津貼一樣合理，因為他本當受國家照顧」。

此外，我只針對生與死的處置及報償做一點補充，算是結論。不論人的地位高低，李維[6]就羅馬歷史人物波普利柯拉（Valerius Publicola）一生做的結語：de publico est elatus[7]（他是公眾出力安葬的），都不該算是不光彩的墓誌銘收尾。

這些是我相信的，打算在能做的時候，把不同層次的意義解釋說明一番，也把相關的附帶問題徹底探究清楚。在此我只做簡略陳述，以免讀者急著追究我的最終用意。我也要請讀者暫且記住，這門科學探討人性這麼難以捉摸的元素，只可能交代諸原則的最終道理，不可能論定計畫會有什麼直接成果。計畫擬定得再好，凡是可立即達成的必有可質疑處，最終可以達成的則難以令人想像。

一八六二年五月十日寫於丹麥丘（Denmark Hill）

註解

1 哪些文章？探討是必要的，要教導是不可能的。

2 彌爾《政治經濟學原理》，序言。

3 編註：Alexander Pope（一六八八—一七四四），十八世紀英國詩人。曾翻譯過荷馬史詩《伊利亞特》和《奧德賽》。

4 見斯密《國富論》卷一，第十章。「能影響工人的有效處分不是公司組織施行的，而是來自顧客。工人因為恐懼失業才約束自己的欺騙行為，改正自己的敷衍隨便。」

5 可能有短視的人士要問，辦這種學校的經費從哪裡來？以後我會細究直接資助經費的合宜模式；至於間接經費來源，學校自給足足有餘。職校能減少犯罪行為（堪稱是現代歐洲市場上成本最高的奢侈品了），光是就這層經濟效益而言，已產生不只十倍的自給經費。職校對於勞工經濟將是純粹加值，增加之多目前難以估計。

6 編註：Titus Livius（前五九年—一七年），古羅馬歷史學家，代表作為《羅馬史》（*Ab Urbe Condita*）。

7 "P. Valerius, omnium consensu princeps belli pacisque artibus, anno post moritur; gloriâ ingenti, copiis familiaribus adeo exiguis, ut funeri sumtus deesset: de publico est elatus. Luxere matronae ut Brutum." — Lib. ii. c. xvi.（「波普利柯拉是公認的一流人物，文武雙全，隔年過世了，名聲雖顯赫，家中卻缺錢治喪——他是公眾出力安葬的；婦女們為他哀哭，宛如當初對待普魯特斯一般。」——卷二，第十六章。）

I 榮譽的根本

THE ROOTS OF HONOUR

曾有不少謬見在不同時期唬得大群民眾信以為真，其中最奇怪的一個——也正是最不可信的一個——或許就是現代自命科學的政治經濟理論。它所本的觀念即是：一套有益的社會行為準則之確立，可以不受社會情感的影響。

政治經濟論和鍊金術、占星術、巫術等等其他流俗迷信一樣，在其根本之處都有一個看似有道理的想法。按經濟學家所說：「社會情感是人性之中偶發的、擾亂的元素，貪婪與追求進步卻是持久不變的元素。我們可將人類當成貪求的機器，且把易變的部分消除，審查一下，要按哪些勞動、購買、銷售的法則可以獲取最大量的累積結果。那些法則一旦確立，之後端看每一個人甘願納入多少擾亂的元素，自行去決定在假設的新條件之下會得到什麼結果。」

假如之後納入的偶發元素與最初審查的支配力是同一屬性，這種分析方法就是完全合理且具功效。假設某個運動中的物體受恆定的力與不恆定的力影響，要查明其動向，最簡單的方法，通常就是先在持久不變的條件下做追蹤，之後再引入變動的因子。社會問題中的擾亂性元素的屬性卻與持久不變的元素不一樣：一加進來就會改變受審查者的本質；它們運轉起來不是數學式的，而是化學式的，引入的環境條件會使我們原有的知識派不上用場。我們用純氮做了有知識根據的實驗，確信它是一種很容易控制的氣體——可是，我們必須處理的東西竟然是氮的氯化物，結果才按既定的原理行事，就把我們自己和儀器一起炸飛出去。

注意，要是這門科學設定的條件被認可，我既不會駁斥也不會質疑它的結論。我純粹是對那些條件不感興趣，就像是假定人不具有骨骼的體操科學，它所設定的那些條件，我本來就不感興趣。基於這種假定，把體操練習者揉成丸子、壓成肉餅、扯成纜索應屬有益；而達成這些結果後，要把骨骼再嵌回來，就免不了給練習者身體帶來各式各樣的不便。這個推論可能值得欣賞，其結論可能屬真，這門科學可能只是適用性不足。現代政治經濟論正是立足於同樣的證據。假定的不是人類沒有骨骼，而是全部是骨骼，按這樣否定靈魂而建立起一種硬邦邦的進步理論，既已呈現了骨頭可以被利用的最大限度，用骷髏頭和肱骨架組構了一些有趣的幾何數字，就成功證明靈魂在這些微粒構造之中再出現確實不便。我並不否認這個理論的真實性——我只是拒絕相信它可以應用於現階段的世界。

最近工人罷工導致的窘迫時期，精確地驗證了這個不適用性。這件事是政治經濟論必須處理的首要難題（雇主與受雇者之間的關係）中最單純的案例之一，適切合宜；嚴重危機之下，群眾生計與大批錢財面臨威脅，政治經濟學家卻沒了辦法——簡直就是啞口無言；他們拿不出像樣的對策，不能說動或安撫對立的雙方。老闆們固執一個觀點，職工們固執另一個，什麼政治科學都無法把他們拉到一起。

如果可以反倒奇怪了，因為人類向來不是要讓哪一門「科學」促成一致的。辯論者紛紛努力要證明老闆的利益與職工的利益是——或不是——對立的，卻都是徒勞一場。答辯者似乎從來沒想過，即使利益對立，人並不因此就必然或全然要對立。假設一個家裡只有一片麵包，媽媽和小孩都正餓著肚子，他們的利害是不一樣的。要是媽媽把麵包吃了，小孩就沒得吃；要是小孩吃了，媽媽就得餓著肚皮工作。但結果未必就是彼此有了「對立」，未必就是雙方爭奪這片麵包，而媽媽因為比小孩力氣大就搶到了麵包把它吃了。換作任何其他狀況，不論牽涉到利害的人們之間是什麼關係，也不能因為他們的利益所在不同，就推定他們必然互相敵視，會用暴力與詭計爭取優勢。

即便確實如此，即便這個方便運用的假設確實有理：亦即驅使人類行為的影響力與驅使老鼠或豬的一樣，此外並無道德影響力。即便是這樣，問題的邏輯條件依舊無從確定。老闆的利益與勞工的利益究竟是相同或相反，也絕不可能概括證明。因為，基於環境條件不同，雙方的利益可能相同也可能相反。把工作做好、使做好的工作獲取應得的代價，當然都關係到雙方的利益；分配利潤的時候，一方得到卻可能就是另一方遭受損失，也可能不是。老闆的利益不在於把工資壓低到害得工人貧病交迫，工人的利益也不在於工資高到使老闆的利潤太小，以致無力擴充事業規模，或無力按照安全公允的方式經營事業。如果公司窮到沒錢好好維修火車頭的輪子了，司爐的工人就不該要求領高薪。

諸如此類的交互利害關係會受多種不同的環境情勢影響，影響因素多到不可能從平衡各方利害來演繹一套行事規則，再怎麼努力也注定是徒勞。因為造物主從來沒打算要人類事事權衡利害而後動，祂要人類秉持公義的平衡，所以使謀求權宜之計的一切努力永遠徒勞無功。人們從來不知道，也不可能知道，哪種行事方法會給自己或別人帶來什麼後果。但是可能人人皆知，而大多數人也的確明白，如何做才是公道或不公道。每個人可能也都曉得，秉持公義的結果將是最終可能出現的最好結果，對別人或對我們自己而言可能都最好，雖然我們既說不上來什麼**是**最好，也不知道怎樣才會導致這最好的結果。

我提到公義的平衡，意思是指公義一詞之中納入情感——納入人對別人應有的情感。所有勞雇關係，所有對雙方最有利的事，最終都離不開公義的平衡。

就拿家中傭僕的處境為例，來找出勞雇關係的一個最簡單明瞭的解說方式。

我們假定家裡的主人一心只想著要怎樣使役傭人才不會虧了自己付出去的工資。他一刻也不讓傭人閒著，供給傭人的食宿糟到不能再糟，凡事要求苛刻到了再多一分就會逼得傭人辭工的地步。如此對待傭人，並沒有違反一般所謂的「公道」。雙方都同意傭人要奉上全部的時間與勞役，主人也會得到傭人的全部時間與勞役——勞役可以辛苦到什麼限度，是按照左鄰右舍那些主人的慣例而定；也就是按現行的家僕工資而定。傭人若能另謀好一點的待遇，他可以走人。主人唯有盡量求取傭人願意付出的勞役，才曉得這勞役的真正市場價值是多少。

這便是政治經濟學觀點所見的情況，是這門科學的博學之士所見。他們主張，按這個過程可以把傭人工作的平均值提到最高，從而使社會群體達到最大受益，然後透過社會群體把利益導回到傭人自己身上。

可是情況並不是這樣。除非傭人是一部靠蒸汽、磁力、重力或任何其他可以量化的原動力發動起來的引擎。情況恰恰相反。傭人這種引擎的原動力是「心靈」，它在政治經濟論者的方程式裡是一個未知量，政治經濟論者不曉得它一旦進入所有的方程式裡，會把答數都變成錯的。這種奇特的引擎不會為了薪資而做完最大量的工作，也不會因為承受壓力或藉由任何可量化的燃料幫助而做到。唯有靠他的原動力接收適當的燃料，把強度發揮到最大，才可能做到；而原動力即是這個人的意志或精神，恰當的燃料就是情感。

假如主人是腦筋明智精力旺盛的人，他有可能憑著機械性的施壓，加上強勢意志的催迫與明智方法的導引，而獲取大量的有形勞務成果，這種事屢見不鮮。同理，假如主人是懶散而軟弱的人（不論脾氣有多麼好），傭人出力漫無導向又不知感恩，結果做成的勞務量少而質差，這也是可能的，而且經常發生。這樁事之中其實有一條放諸四海皆準的法則：假定主傭雙方都相當明理又有活力，可以謀求的最大量實質成果絕非來自彼此對抗，而是基於雙方互動的情分。按這個法則，如果主人不是只顧需索傭人多做勞務，而是使交辦的必要事務對傭人自身有利，並且用一切公道健康的方法促進他的利益，如此受到照顧的人最終完成工作的實量——或者說他「提供的好處」的實量，就會是可能達到的最大值。

注意，我說「提供的好處」，這是因為傭人做的工未必是、也並不總是他能夠給主人的最佳回報。這是指所有形態的好處，不管是實質的勞務，或是時時留意著要維護主人的利益和信譽，或是在出乎意料、不合常規的狀況下也欣然主動幫忙。

就算主人放任往往會導致傭人胡作非為，好心得不到好報，這個法則仍是暢行無阻。因為，傭人如果受了善待還忘恩負義，那麼受不到善待更要懷恨報復了；一個人若是對寬大的主人還不誠實，對不公道的主人更會變本加厲。

不論遇上何種狀況、什麼人，以不自私自利的心對待，都會帶來最有效的回報。注意，我現在是把情感完全當作一種原動力來說，根本不是在談情感本身的好壞高下或任何其他抽象價值。我不過是把它視為一種異於常態的力量，能把尋常政治經濟學家的每一則算計變成無效；即便政治經濟學家有心要把這個新元素放進自己的算式裡，也莫奈它何。因為，若要使情感成為一種真正的原動力，就必須不理會政治經濟論的其他各種動機和條件。如果善待傭人的時候想著要怎樣利用他的感激之心，那你就活該得不到他的感激，也得不到你付出善意的任何等值回報。如果善待不含有任何經濟目的，所有經濟目的都會得到回應。就這回事而言，所有其他事情亦然，凡是一心力求自保的人必有閃失，把自身置之度外的人卻能安然無恙。[8]

雇主職工關係中另一個簡單明瞭的例子，就是軍隊指揮官與屬下之間存在的那一種。

假設軍官只肯照章行事，其餘一律懶得過問，卻想帶出一隊精兵。憑他這種自私原則，不論採行哪一套規範或管轄方針，都不可能發揮屬下的全部實力。如果軍官是講道理且嚴格的人，可能如前文舉的例子那樣，比賞罰不明的軟弱軍官帶兵的成果來得好些。假如同樣是講理且處事嚴明的長官，那麼與麾下弟兄人際關係最直接、最能照顧弟兄的利益、最看重他們生命的那一位，毫無疑問最能激發軍隊的戰鬥實力。這樣憑下屬對長官個人有情感，又信賴長官的為人，能使下屬發揮實效之大，是憑其他手段都望塵莫及的。牽涉人數若是更多，這條法則之適用更加無可辯駁。不得人心的軍官指揮一次突擊可能會成功；不得人心的將領打贏一場戰役的可能卻微乎其微。

這些簡單的例子一旦套用到製造業主與工人之間的複雜關係上，就會遭遇一些奇特的難題，顯然都是更為嚴峻又冷酷的道德元素造成的。我們不難想像士兵對長官懷有熱切情感的景況，但要想像紡織工人對紡織廠老闆懷著熱切情感，就不大容易了。以竊盜為目的結成一夥的人（例如古時候蘇格蘭的強盜家族）會完全受情感驅使，每名成員都甘願為拯救首領的性命而犧牲自己。反觀為了合法生產營利而湊到一起的人群，似乎通常不是受這種情感驅動，其中的成員無論哪一個都不會甘願為保全上司的命而死。我們不但要面對這一點精神層面的顯著差異，也得注意到與體制施行有關的其他問題。傭人或士兵是按確定的薪餉率受雇服役一段確定的時間；職工領的工資卻是跟著勞力需求變動的，同時因為各行業可能發生的狀況而隨時有被炒魷魚的風險。既然存在這些不測條件，就不可能做出基於情感的行為了，只會爆發源於**不滿**的行動。所以，就這個問題而言，有兩大要點必須考慮。

第一——應以多大程度穩定工資高低，避免它隨勞力需求變動。

第二——職工群體按這麼固定的工資水平獲得雇用與保障（不論行業本身的興衰如何），人數上不會增減，從而使工人與自己就業的事業機構有恆定的利害與共關係，處境類似老家僕與主人榮辱與共，也類似軍中的精銳部隊那種團結精神。這種心態能達到多強？

我說的第一個問題是，在不受勞力需求影響的狀況下維持工資水平固定，能做到什麼程度。

人類謬誤史上的一大怪事就是，一般的政治經濟學家認為這樣穩定工資是不可能的。其實，世間所有重要的勞動力工資已經有此調控，大部分不重要的勞動力亦然。

英國首相職位不是用先開高價碼再殺低的拍賣決定。不論神職買賣通常有多大利益可圖，我們（迄今）還不至於選一名樂意領最低俸的牧師來頂已故主教的職缺。買賣職缺（根據最精闢入微的政治經濟論觀點）確實存在，但還沒淪落到公然買賣將軍位階。我們生病時不會先打聽哪位醫生收費夠便宜；需要打官司時不會計較能不能少花幾塊錢；出門遇上暴雨時也不會向車伕詢價後再挑最便宜的一個。

上述的所有例子，和我們想像所及的每一種例子，最終的確都得歸結到工作本身假定的困難度，以及可能擔任該工作的人數多少。如果我們認為，有相當多的學生願意付出成為良醫必需的努力，只期待收到半英鎊的診療費，民眾很快就會一致贊成沒必要再支付一英鎊了。就這一層終極意義看來，勞動力的價格確實一向都由需求在調控；然而，就此事的實際且直接的執行而論，最佳的勞動力獲取的酬勞從來都有其不變的標準，**所有**勞動力的報酬也應比照辦理才是。

「哪有這種道理！」讀者也許要表示訝異了，「不管做得好不好都給一樣的酬勞？」

沒錯。前後任主教的講道會有優劣差別，甲醫生與乙醫生的診斷也會有對錯差別，差別關係到思維見解的高下，這些差距對於你個人的影響之大，遠遠超過泥水匠砌磚手藝好壞的差距（雖然泥水匠技術差距的影響比多數人以為的更大）。神職人員要照顧靈魂，醫生要照顧身體，你卻不分辨他們有沒有把工作做好，心甘情願奉上等量費用。心甘情願的程度大大超過你拿相等費用付給幫你砌房子的好泥水匠和差勁泥水匠。

「不對。我會挑選醫生和神職人員（？），這證明我會辨別他們工作品質的高下。」你也務必要挑選好的泥水匠。被「選中」正是優良職工應得的報償。涉及所有勞動力的制度應該是：勞動力要按固定的費率取得酬勞；但是優良職工才能受雇，不良的職工只得失業，這樣才是合乎常理的正確制度。錯的、違反常理的、破壞性的制度則是：讓不良職工只拿工資的半價來上工，結果不是取代了優良職工，就是導致優良職工迫於競爭而不得不屈就低薪。

我們要找出最直接的可行之道，第一目標就是這種工資上的平等。第二目標是前文說過的，維持就了業的工作者人數恆定，不論他們的生產項目遭遇什麼偶發的需求變動。

我認為，一個有效國家的商業運轉中，必定會出現需求面突然且廣泛的不均等，而公道的勞動力規劃組織必須要克服的唯一根本難處，就在於這種不均等。這個題目涵蓋層面太廣了，沒辦法在這一篇短文裡逐一細究，以下各項相關的普遍事實卻可以提出來談談。

職工從事的工作如果是有可能中斷的，他所領的工資必須高於工作穩當而不會中斷的人所得的工資，這樣他才可能靠這份工資維生。不論謀取工作變得多麼難，這條普遍定律都要維持不變。如果一般工人只能指望一週有三天的工可做，他們每天必須獲取的酬勞就得高於能確保一週工作六天的人要求的日薪。假定一個人每天必需的生活開銷不能少於一先令，他就必須每週拚命苦幹三天賺到七個先令，或者不慌不忙上六天班賺到手。所有的現代商業操作趨勢都是：把工資和從業者一併扔進樂透彩般的境地，使職工的酬勞取決於斷斷續續的賣力工作，使業主的獲利取決於是否能巧妙地利用機會。

我要重申，現代各行各業運作導致這種趨勢的必然性究竟有多高，不是我這篇短文要探究的。我只在意一樁事實：就最不幸的面向看來，這個趨勢確實不是必然，不過是由於老闆好賭與職工無知而耽溺感官享受才會如此。老闆們不肯放過任何獲利的機會，見了漏洞縫隙就鑽，滿腦子的賺錢夢，貪欲強到迫不及待去冒一切風險。至於職工們，寧願賣命幹三天活然後大醉三天，也不願意做六天適量的工作再明智地休息一天。業主若是真心想幫助職工，最有效的法子莫過於戒掉自己與職工的這些失序習慣：自己把生意經營維持在可以穩固運轉的規模，不要被得失難測的牟利牽著鼻子走；對待職工則是引領他們養成規律的勞動及生活習慣，設法藉固定的工資誘導職工接受低一點的酬勞，使他們不致為了貪圖較高酬勞而投身有失業風險的工作。假如無法做到這樣，就該反對讓勞工為賺取表面上看來高額的日薪而賣命，引領人們從事酬勞低一點卻比較規律的工作。

實行像這樣的劇烈改革，發起人必然要面臨極大的不便與損失。那些做起來方方便便不傷斤兩的，不見得就是最該完成的事，也不見得是我們最迫切需要的。

我在前文中說過兩種為共同目的而連結的群體之間存在的那種差別，一種是以暴力為目的，另一種是以生產製造為目的；前者有可能做出自我犧牲之舉，後者則否。一般人眼中的投身商業者地位不如投身軍旅者，真正的原因就在這一點不平凡的差異上。若是就哲學觀點而論，乍看似乎沒什麼道理（許多作家都曾努力要證明這是不合理的），一個平和而理性的人，以買賣為業，卻不如一個不平和的、往往不理性的、以殺人為業的人受一般人尊敬。然而，不管哲學家怎麼想，人類向來一致認為從軍優於從商。

這倒是對的。

因為軍人的本業其實不是殺人，而是被殺。世人雖不明白個中意義，卻為這一點而敬重從軍的人。打手刺客的本業是殺人，在世人眼中的地位卻從來不會高於商人。世人看重軍人的緣故在於：軍人懷抱為國捐軀的意念。即便有些軍人行事魯莽（喜歡找樂子或冒險），可能是出於多種不同的次要動機和不光彩的衝動才決定從軍，那些動機也可能影響他平時的各種言行表現；我們對於軍人的評價卻是根源於一項終極事實（我們對這個事實也很有把握）：一旦把他放在砲火炸開的堡壘缺口上，哪怕背後有著世間的一切樂子而眼前只有盡忠職守與死亡，他仍會保持面向前方；他也知道隨時可能面臨這種抉擇，而且事前已準備好要承擔自己的本分——等於是不斷地承擔這種職守，也就是每天在受死。

我們對於法律人和醫生的敬重也差不多，最終的緣故仍在他們肯自我犧牲。一位出色的法律人不論學問多好，思維多麼敏銳，人們尊敬他的主要原因卻是：相信他一旦坐上法官的位子就會秉公審理，不顧慮後果將會如何。假如我們料想他會收賄，會憑他敏銳的思維把不公不義的斷案做成看似有理，那麼，他的才智再高也不會博得我們的尊敬。如果不是因為胸中早有一把尺，確知他在人生一切重要行事上都把公義放在第一位，自己的利害放在第二，我們是不可能萌生尊敬的。

我們對醫生懷有敬意，理由更明顯。不論他的醫術如何，我們如果得知他看待病人不過是一群實驗品，對他只會有反感厭惡；如果得知他收了對病人死亡感興趣的人的賄賂，憑藉精湛醫術暗中給病人下毒，我們更會避之唯恐不及。

最後談到神職人員，這條原則更是再清楚不過。醫生不能憑性情好開脫他醫術差勁的事實，法律人也不能憑心好開脫他的斷事糊塗。神職人員卻不然，即便他的思維能力欠佳，仍可以因為人們認為他不自私自利又樂於助人而受到尊敬。

成功經營一個大規模商業體所必備的圓融手腕、深謀遠慮、堅定果斷等等心智力量，即便走不到傑出大律師、將領、神學家的水準，起碼也該與船艦上的部屬級人員、軍隊裡的中低階軍官、鄉村教區牧師不可少的一般智能條件相當，這是無庸置疑的。因此，假使所謂自由業之中每名稱職的成員在一般大眾心目中的地位仍然總是高於商業機構的老闆，其中的緣故一定不僅止於他們各自智能的高低而已。

為什麼這樣厚此薄彼？根本原因其實是：大家都認定商人凡事只顧私利。商人做的事也許是社會中十分必要的，然而做這些事的動機卻被看作是完全出於一己之私。一般大眾眼中，商人一切交易行為的首要目標就是盡量為自己多賺，讓旁人（或消費者）拿到的越少越好。硬把這一點用政治條款扣上去，當作商人行為的必要本能；既主張商人不分任何時地都這麼做，自己又相應地接受這是普世法則，疾呼買者的職責是壓低價格，賣者的職責是騙人上當。到頭來，一般大眾卻不由自主地譴責商人照他們的說法那樣做了，給商人打上隸屬低等人格的印記。

人們終將發覺，不該再這麼做了。他們不該停止譴責自私行為，但是必須明白有一種商業不是除了私利什麼都不顧——更確切地說，是必須明白，除了這種商業，從來沒有也不可能有其他別種商業。人們向來所謂的商業根本就不是商業，而是詐騙。真正的商人與現代政治經濟論所說的商人大不相同；兩者之間的差距，不亞於華茲華斯名詩《遠足》（*Excursion*）中悲天憫人的貨郎之不同於莎士比亞名劇《冬天的故事》裡那個又騙又偷的小販奧托里可斯（Autolycus）。人們會發現，商業在有身分的正派人眼中是越來越該從事的行業，比對人講道理或殺人的行業更值得投入。人們會明白，真正的商業與真正的講道或作戰一樣，不免要有自願蒙受損失的時候——基於為人處事的本分不得不虧本的幾塊錢，或是不得不犧牲的性命。人們會明白，市場裡和布道壇上一樣可能有殉難行為，貿易和戰爭一樣可能有英雄主義。

說是可能有，其實必定有——只是目前還未曾有，因為英雄性情的人向來都是青春少年時便被誤導入其他領域，沒看出什麼領域是我們的時代中最重要的；所以，有許多要求絕對忠誠的人會為宣講信條形式而失去生命，卻只有極少數的人願意在展現如何實踐某個信條時損失一百英鎊。

事實是，人們從未聽過誰清清楚楚解釋商人與其他人一樣負有的真正職責。我要為讀者把這一點講清楚。

五大類與生活每日需求相關的需要運用智能的職業一直存在，其中有三者是每個文明國家必定都有的：

軍人的職業是**保衛**國家。

牧師的職業是**教導**國家。

醫生的職業是**維護**國家**健康**。

律師的職業是**實施**國家中的**公義**。

商人的職業是**供給**國家所需。

這些人都肩負的責任是，適時為國家而**死**。「適時」的意思也就是說：

軍人寧死也不擅離戰場上的崗位。

醫生寧死也不拋下救治瘟疫病患的職守。

牧師寧死也不宣講謬誤謊言。

律師寧死也不支持不公不義。

商人為國而死的「適時」是什麼時候？

這是商人該自問的，也是我們都該問的主要問題。因為，說實話，人若不知道什麼時候應當赴死，也就不會知道該怎麼活。

注意，商人（或製造業者，因為本文所指的是包含兩者的廣義）的職責是供給國家所需。他從這個供給行為獲得利潤，與神職人員領到薪俸一樣，都不是這個職業的作用。牧師的薪俸是他應得的，是從事這個行業必然有的附屬物，他若是真正的牧師，就不會把獲取薪俸當作人生目標，與真正的醫生不會把收診療費（或病人謝禮）

當作人生目標是一樣的。真正的商人也不會把利潤視為人生目標。這三種人，如果都是誠正的人，要做的工作是不考慮酬金的，甚至是不惜代價也要做的，既然牧師的職責就是教導，醫生的職責是療癒，而商人的職責——如我所說——是供給。這也就是說，商人必須徹底了解自己買賣的貨物的品質，徹底了解那些貨物是以何種方式取得或用什麼方法製造生產；他必須盡心盡力製造、取得最佳狀態的貨物，並且盡量按最低價格把貨物販售運送到最需要它的地方。

因為任何商品的製造或取得都必然牽涉到很多人的生活及參與，商人會在經營過程中成為極大多數人的雇主與總管，主從關係雖然表現得不像軍官和牧師那麼公開可見，卻更為直接。因此這些人過著怎樣的生活，與商人大有關係：他要扛起的責任，不只是時時考慮到怎樣以最純正便宜的模式製造自己要銷售的商品，而且要考慮怎樣經營商品製造與運輸過程中的各種不同業務，才能使所有受雇職工獲益最大。

商人要確實負起這兩個責任，就得運用最高的智慧，同時要有耐心、仁心、技巧，所以他非得投注全部精力不可。既然要恰當履行職責，就和軍人或醫生一樣，在必要時，有義務按照處境的需要而犧牲生命。商人實踐供給功能時有兩個要點必須堅持：第一，他的承諾（信守承諾乃是商業中一切潛在價值的真正根本）；第二，供應的物品完善而純正。因此，商人不可以有負自己的承諾，不能容許自己供給的物品有任何變質、攙假、定價不公而過高。他有義務以無畏精神因應他為了堅持這兩個原則可能招致的苦惱、貧窮、辛勞。

其次，商人或製造業主身處雇用人員的總管地位，因而被賦予明確的家長權威與責任。多數情況下，一名年輕人一旦進入某個商業機構，就完全脫離來自家庭的影響了。少了父親陪在身邊，老闆變成實際持續提供他幫助的長輩。不論是什麼狀況下，老闆的權威、企業體的氛圍、這年輕人工作中不得不接觸的其他人員的性格，都會帶給他影響，這些影響要比家庭直接得多，又更難抗拒；而且不論這些影響是好是壞，往往會抵消家庭的影響。所以，老闆要公道對待自己雇用的人員，唯一上策就是——處理員工事務時要嚴正地自問：換作是自己的兒子處於員工的地位，會不會也比照辦理？

假使一位砲艇的艦長認為，應當（或萬一不得不）派自己的兒子上船當一名最低階的小兵，他對待屬下官兵就必須和對待自己的兒子沒有兩樣。同理，假定某工廠老闆認為，應當（或萬一不得不）讓自己的兒子到廠裡當小工，他就一定要對兒子和所有其他員工一視同仁。就政治經濟學的這一點而言，這是可以歸結出的唯一有效、正確或可行的「通律」。

正如艦長在發生船難時道德上有義務最後一個離艦，在發生糧荒時道德上有義務將自己的最後一塊麵包與水手分食，商人在遭遇任何商業危機或災難時同樣有道德上的義務，要與職工一樣受苦，甚至寧願自己受苦也不能苦了員工；就像遭到饑饉或船難或戰禍時，做父親的會為兒子犧牲自己。

這些話聽來奇怪——但人們聽來會覺得奇怪才是這樁事的唯一奇怪之處。因為這些全都是確確實實的，不是部分屬實也不是理論上屬實，而是恆久屬實，並且在實踐上確實無誤。除此之外的所有其他關乎政治議題的學說教條，都是前提不實、推論荒謬、不可能實踐的，放在任何進步中的國民生活狀況下皆然。拜少數有膽識有真誠的人士之賜，我們現今的所有國民生活都是在堅決否認、不屑那些廣泛宣導的經濟理論。那些理論一旦被採納，將直接走向國家滅亡。至於它們會導向什麼方式、什麼形態的毀滅，以及合宜的國家體制應如何進一步實際作用，我希望在下一篇文章裡再加分析。

註解

8 兩種對待方式的差別，以及兩者的實際有形後果之間的差別。也許可以從比較兩種人際關係很精確地看出來，一種是狄更斯小說《荒涼山莊》（*Bleak House*）之中的人物艾絲特（Esther）與查理（Charlie）的關係，一種是他的另一作品《漢普雷老爺的鐘》（*Master Humphrey's Clock*）裡頭布拉斯小姐（Miss Brass）與侯爵夫人的關係。狄更斯作品中的根本價值與道理一直被許多思考縝密的人視而不見，只是因為他用了誇張漫畫的筆法來呈現這些道理。如此視而不見很笨，因為狄更斯的漫畫式描述雖然往往極端，卻從來沒錯過。我們不要在意他的描述方式，便看得出他告訴我們的無一不是事實。我希望他能同意只把他的卓越誇張筆法用在為娛樂大眾而寫的作品上；寫到對國人有重大意義的題材時（例如處理小說《艱難時世》（*Hard Times*）的題材），能用比較嚴肅且更精確的分析方式。《艱難時世》本來應有的效益會被許多人嚴重低估（在我心目中，這部小說在許多方面堪稱是他最傑出的作品），是因為主角邦德比先生（Mr. Bounderby）被描寫成一個戲劇化的怪物而不是只顧名與利的老闆典型；史蒂芬·布萊克普爾（Stephen Blackpool）則被描寫成一個戲劇化的完人而不是老實職工的典型樣本。我們切勿因為狄更斯喜歡灑狗血就忘記他的睿智與洞察力。他所寫的每一本書都含有完全正確的宗旨，值得關注社會問題的人詳細認真地研讀，尤其是《艱難時世》。讀過之後會覺得許多地方是有偏袒的，而且因為偏袒才顯得不公正；但是，如果再去檢視一下狄更斯似乎忽視的另一方的證據，又會發現，繞了一大圈回來再看狄氏的觀點，才明白他以極端而尖銳的方式所說的話畢竟都是對的。

II 財富的脈絡

THE VEINS OF WEALTH

前文提出的說法，一般政治經濟論者會做的回應，可以簡述如下：

「發展社會情感可以帶來某些公眾益處，這的確屬實。但是政治經濟論者既不曾聲稱——也不會宣告——要將公眾的益處納入考量。我們這門科學僅僅是求發財的科學。這是以經驗為基礎的、實行起來有效用的科學，與虛妄的或空想的科學相去太遠了。遵行其規條的人確實會致富，違抗不服的人就要潦倒。歐洲的每一位資本家都是遵照我們這門科學的已知定律行事而發達，並且因為堅守這些定律才天天提增資本。拿出邏輯把戲來對抗既成的事實是沒用的。每個經商的人憑經驗都知道怎麼做能賺錢，怎麼做又會賠錢。」

抱歉了。多數經商的人的確知道他們自己的錢是怎麼賺到的，或者，偶爾，錢是怎麼賠的。他們玩的是早已上手的賭局遊戲，熟悉各種牌面的或然性，而且能夠理所當然地解釋自己的賺賠。他們卻不知道是誰握有賭場的全部籌碼，也不知道同樣的牌面還可以玩出別的什麼花招，更不知道遠處昏暗的街巷裡有些別的得與失，是受制於燈火明亮的廳室裡的賺賠所擺布。他們學會了幾條——只有幾條——商人經濟論的定律；卻連一條政治經濟定律也不懂。

首先要說的，也是十分顯著且奇怪的，我發覺經商的人幾乎都不知道「富有」的意思。反正，就算他們知道，也不會在思考的時候想到這是一個有相對意思的詞，詞義裡包含它的反義詞「貧窮」，與「北」這個詞必然包含反義詞「南」一樣明確。人們幾乎一貫把財富說成或寫成絕對的，好像人人只要按照某些科學規條行事就能致富似的。其實財富的力量類似電力，只能藉自身的不均等與匱乏而發生作用。你口袋裡的一枚金幣有多大力量，完全視他人口袋裡是否欠缺一枚金幣而定。假如他並不想要它，你那枚金幣對你而言就是無用的；你的金幣具有的力量可以用他對金幣有多大需求與欲望來精準計算。所以，按普通商人經濟論者的意思講，自身致富的藝術等同而且必然就是保持他人貧窮的藝術。

我不會在這件事上（也幾乎不在任何事上）力主接受哪種條件。

但我希望讀者能清楚而深入地理解兩種經濟之間的差異，也許不宜隨隨便便在兩者之前冠上「政治的」或「商人的」。

政治經濟（即國家的經濟，或說公民的經濟）就是在最適當的時地生產、保存、分配有用的或有樂趣的東西。農人適時收割草料；造船木工把榫栓打實打穩；建築工用調得恰好的膠泥砌磚；主婦維護家具、不浪費食材；歌者平時勤練，演唱時不過度使用聲音——身為國家的一分子，這些人持續提增國家的財富與福祉，都是實實在在的、最終意義上的政治經濟學家。

商人經濟，也就是酬勞（merces）經濟，意思則是指：把法律上或道德上對於他人勞動力的所有權或支配力積聚在少數個人手中。這種所有權包含的意思一方面是財富或權利，另一方面就是貧窮或負債，兩邊是恰恰等量的。

因此，商人經濟不一定包含能否增進它所存在的國家的實際財產或福祉。這種商業財富，或是勞動力的支配權，幾乎必然可以立即轉換成實有的財產，實有的財產卻未必能立即轉換成勞動力的支配權；所以，文明國家裡活躍的人們概念中，財富通常是指商業財富；他們是按計算自己擁有的馬匹和田地能賣多少個金幣來估算自己的財產有多少，而不是計算自己擁有的金幣能買來多少馬匹和田地才估定金幣的價值。

養成這種思維習慣的原因還有一個，即是：實有財物的累積對於財物的擁有者無甚用途，除非他同時也掌握著勞動力的商業支配權。按此，假定某人擁有大片良田地產，土地下面有金礦，牧場上有數不清的牛隻，花園洋房有好幾棟，倉庫堆滿有用的儲藏品。可是，他如果雇不到傭人怎麼辦？必須有些很窮的人生活在附近，而且需要他擁有的黃金——或糧食，他才可能雇到傭人。假定沒有人想要他的黃金或糧食，他因此雇不到傭人，那麼就得自己做麵包吃，自己做衣服穿，自己下田耕種，自己放牧牛群。黃金對他而言和從地上隨手撿拾的黃色石頭的價值無異。他只能放任倉庫裡的儲藏品腐壞，因為他自己一個人用不了那麼多。他一個人能吃的不會比哪一個旁人多，他能穿的也不會比哪一個旁人多。既然雇不到傭人，他必須過著辛苦勞動的生活，才能夠換來最起碼的安適；最終他會落得房屋年久失修，田地廢耕荒蕪，不得不安於窮人住的小農舍一隅，四周都是大片荒地，無人看管的牛群來去自如，自己出入還得繞過殘敗大宅的廢墟；說這些全是「他的財產」等於在諷刺他，連他自己都說不出口。

我想，再怎麼貪婪的人類都不會歡天喜地接受這種條件的財富。人們真正想要的東西名義上叫作財富，實質上就是有本領支配他人。以最簡單的意思來說，就是有本領為自身的利益而取得傭人、技工、藝人的勞動力；放寬一點來說，是有權指揮國內大批民眾達成各式各樣的目的（按有財富者的意向不同，可能是正直的或無關緊要的，或傷害人的）。這種財富能發揮的力量之大小，與受這個力量支配的窮人貧窮的程度成正比，與擁有等量財富者的人數多寡成反比，也與願意出等價取得某個限量物品的人數成反比。假定有一位歌手很窮，只要肯出錢聽他唱的人只有一個，酬勞低也無妨。但是肯出錢的人如果有兩個或三個，他就要為出價最高的那個人唱了。因此，顧客的錢財能發揮的力量有多大（此種力量向來是不完備且難以確定的，即便是最具權威的亦然，下文將談到），首先要看歌手有多窮，其次要看錢財一樣多而且一樣想聽演唱的人數可以多到什麼程度。所以，如前文說過，按常識判斷，「致富」的藝術並不絕對是、也不盡然是為自己賺到更多錢的藝術，同時也是想辦法使他人擁有更少的藝術。精確地說，是「確立對自己有利的最大程度財富不均」的藝術。

理論無從證明，確立這種不均對於大部分國人有利還是不利。政治經濟論題目的常見謬誤，追根究柢多半是因為輕率荒誕地推定這種不均必然有利。這件事自有其永久不變而且無可避免的法則：財富不均的有利與否，首先要看這樣的不均是憑什麼方法形成，其次要看是應用在哪些目的上。財富不均的現象如果是藉由不公正的手段確立，在確立過程中無疑已傷害了它所存在的國家；財富不均若是應用於不公不義的方向目標，只要它存在一日國家便傷得更重。財富不均如果是公平正當地確立的，確立過程中國家會受益；目標若是崇高的，對國家助益更大。這話也就是說，十分積極而管理得當的一群人之中，各個人的不同優點強項都得到了充分發揮，專精應用到各種不同的需求上，得到的結果雖不平均卻是和諧的，各人按優點強項的等次與貢獻而獲得報酬或權威。[9]反之，國民都很懶散或管理不當，不同程度的腐敗與背信行為得逞，也一樣形成另一種不平和的成王敗寇的體系；這是捨棄協調並存的能力所達成的和諧高低不均，用罪過與不幸形成的不公不義的尊與卑取而代之。

由此可見，一個國家裡的財富流通類似人體天生的血液循環：血流加速有一種是愉悅的情緒引起或健康的運動所致，另一種是羞慚或生病發燒的緣故；身體上的紅潤有一種是充滿溫暖與生命力的表徵，還有一種會進而變成蓄膿壞死。

這樣的類比可以一直類推到極小的細目。因為，生病的局部血液流向會引起身體全面健康走衰，所有錢財的病態局部作用也一樣，最終會弱化整個國家的資源。

這種狀態如何產生，舉一、兩個最單純的環境條件之中財富演變的例子，就立刻明白了。

假定有兩名水手飄流到一處無人居住的海岸，必須連著幾年在這裡自力更生。

假如兩人保持身體健康，按部就班和睦地聯手工作，給自己造好一棟便於居住的房子，開墾出相當大面積的農地，並且一同儲存下可供未來使用的各種物資。這一切都算是真正的財富或財產；假定兩人工作一樣努力，這些財產應該是二人均分或平均使用。他倆的政治經濟結構僅僅在於小心維護保存這些財產與公平地分配。然而，也許其中有一個人漸漸不滿意合作耕種的收穫量了；於是雙方議定把農地均分為二，以後各耕各的田，靠自己的收成維生。假定其中一人在協議完成後病倒了，因而在關鍵時刻——例如播種期或收割期——不能下田工作。

他當然就會要求另一個人幫他去播種或收割。

這時對方會說（這麼說也是完全公道的）：「我會為你做這些額外的工；但是要是我做了，你就必須承諾以後補還給我。我會計算在你的田裡做了多少小時，你要寫一張約定書，答應只要我需要你幫忙，可以隨時把相同小時數的工作補還給我。」

假定不能工作的這個人病一直沒好，幾年中在各種不同的狀況下多次需要另一人幫忙，而且每一次都寫下約定書，同意只要體力允許，就按對方要求償還欠下的工作時數。這久病的人一旦可以重拾工作了，兩個人的處境會是什麼樣子呢？

就一個小的「邦國」而論，這兩個人會比先前貧窮。變窮是因為少了生病那人的勞動力原本可在這段時間達成的產值。健康的這個人也許為了勞動需求量變大更賣力工作，但是，長此以往，對方的田地和財產終究會因為得不到他本人付出的時間和關注而有所損失：兩個人的財產合計的價值當然不如兩人都健康地工作的時候。

兩人之間的關係也發生很大改變。病倒的這位不但已經將幾年份的勞動力承諾給對方，而且可能已經用光了自己這份貯存的物資，結果只得暫時仰賴對方供給食物，進而必須拿更多的勞動力「償還」或報答。

假定白紙黑字的約定書被視為完全具有法律約束力（文明國家裡可藉由法律步驟取得此種約束力），[10]原先一直在做兩個人的工作的這一位，如果決定此後要休息了，他就可以什麼事都不做，不但強迫自己的夥伴履行償還勞動力的承諾，而且逼對方為了抵償自己曾貸給他的糧食，再簽下更多貢獻勞動力的約定，簡直可以隨心所欲地索求。

這樣的協議也許從頭至尾沒有一點不合法之處（指一般意義的

合法非法而言）；但是，如果有陌生人在二人政治經濟結構的這個晚期來到他們的海岸，就會看到其中一人是商業意義上的「富」，另一個人是商業意義上的「貧」。他也許會不怎麼訝異地眼看著一個人無所事事地悠閒；另一個人辛苦地做著兩人份的工作，竭力省吃儉用，指望在遙遠的未來能恢復自由之身。

這當然只是人與人間財富不均之所以形成的諸多方式之一，導致的結果是商業性的（Mercantile）富與貧。我們看到的這個例子中，變窮的那個人也許從一開始就存心要閒散，為圖眼前的一時輕鬆把日後的人生抵押出去；他也許是因為不善管理自己的田產，不得不拿自己未來的勞動力抵押，向另一個人換取糧食、勞力。至於我希望讀者特別注意的，是許多這類典型例子共通的一項事實，商業性財富之確立意指真實財富的政治性縮減。商業性財富在於掌握勞動力的所有權，真實財富是擁有實質的財產。

再看另一個例子，則是比較符合貿易事務的一般進程。這一次假定有三個人組成一個孤立的小國。他們曉得三人必須分離生活，以便耕作海岸邊兩處相隔甚遠的田地，每一塊地都種著大不相同的作物，彼此都或多或少需要對方田地的物產。假定第三個人為了節省三個人的時間，索性只管監督兩邊園地之間的物產轉移，條件是可以從每一批送出的貨物中抽取足夠酬報他的分量，或是另收一包貨物替代抽成。

假如這位運輸者或傳信人總能在恰當時候把主要欠缺的物資送到，那兩位從事農務的人會經營得一帆風順，小小的社會也造就出可能得到的最大農作物產值或財富。但是，假定兩邊的地主不可能往來會面，一切全靠來回跑的中介人代理；而且，這位代理人工作了一段時間之後，明白了兩方的農事進程，就把託給他運送的物品按下不送，等到需要物品的一方最迫切告急的時候才送去，進而向收貨者索取他手頭拿得出來的所有別種作物。我們不難看出，代理人足智多謀地盯住了機會，能夠定期掌握兩批農地的大部分過剩作物，最後便可在某個嚴重歉收的年度中，把兩邊的物產都買到手裡，從此使兩個地主變成聽他支配的勞工或傭人。

這應是精確依據現代政治經濟論原理獲取商業性財富的最佳案例，比前一個例子更確實無誤。這個例子證明，因為中間的那個商人不肯安於只賺比較公道的利潤，國家的集體財富，或說三人的集體財富，變少了。兩位務農者的作業受盡了壓榨；在他們急需物資的時候供給卻不斷受限，只能把掙扎著活命的日子熬下去，卻看不到固定獲利的希望，所以會喪失勇氣，這必然嚴重降低他們的勞動績效；至於最終累積到商人手中的物資能賣到的價錢，無論如何不會和他憑正當手段經營、讓三個人的糧倉都裝滿的時候一樣。

因此之故，這整個問題，不止是就國家財富的優勢劣勢而論，甚至關乎國家財富的量，探究到底就變成一個抽象的公義問題。獲取的財富不論是多是少，都不可能只憑有沒有這筆財富，就論定它在所在國家中意味的是善是惡。它的真正價值如何，端看有什麼道德符號附加於這筆財富之上，這與代數符號左右計算出來的數字是一樣不可馬虎的。任何一筆商業財富的累積，一方面會是埋頭苦幹、進步能量、用心成效的指標，另一方面也可能是極度奢侈、無情壓榨、謀財害命的指標。有些鉅富財產沾滿血淚，就像儲存不當遭雨淋的收穫；有些黃金則在陽光下之燦爛勝過它的實價。

注意，這些符號並不僅僅是錢財的道德屬性或可厭的屬性，不是追求錢財的人想要不屑就可以不屑的。它們是錢財無可動搖的實質屬性，會引發難以預估的價值升降。某一大筆錢是創造行動帶來的結果，另一大筆錢是毀滅行動帶來的結果，創造的是十倍於這筆錢的錢財，毀滅的也是十倍於這筆錢的錢財。行動過程中某些有力的手被麻痺了，就如同摸了龍葵中毒動彈不得：那麼多強悍的人一蹶不振，那麼多高生產力的作業被停頓了；勞動力受了這樣那樣的錯誤指導，繁榮的虛偽假象在杜拉平原上樹立，掘入燒熱七倍的窯（見〈但以理書〉三）。看似財富的東西其實可能只是粉飾了的深遠禍害跡象：是船難肇事者把大商船騙上沙灘擱淺後搜括來的幾個銅板；是隨軍商販從捐軀士兵身上剝下來的一包破衣褲；是猶大賣主的血錢，最後拿來買下窯戶的一塊田，既埋葬外鄉人也埋葬本國國民（見〈馬太福音〉二七：七）。

因此，所謂可以不管方法有沒有考慮道德根源就教人用它來謀取財富，或是認為可能制定買賣獲利的通則與技術供全國實行，也許是騙人為惡的觀念中最荒誕不經的。就我所知，歷史記錄之中最令人類才智蒙羞的想法，莫過於現代觀念中「賤價買進，高價賣出」這句商場名言能作為（或在某些情況下可能作為）一條可應用的國家經濟原則。賤價買進？——好吧，可是要想想你為什麼能買得賤價？木炭放在你家被火災燒焦的屋頂木材旁也許會賤價，磚頭拿到地震後滿地磚瓦的街上也會賤價；但是火災和地震並不因而就使國家得益。高價賣出？——沒錯，但是要想想你為什麼能賣出高價？今天你的麵包賣了高價，是賣給一個瀕死的人嗎？他是拿出身上最後一個銅板買，以後再也不需要麵包了？抑或是賣給一個富翁，他明天就會把你的麥田一併買走？或是賣給一個正要去搶劫銀行的軍人，而你有一大筆錢存在那家銀行裡？

這些事都是你不可能知道的。你能知道的事只有一件，即是：你這次買賣做得是否公道誠信，你只需要關注這一點就夠了。所以要確定你把自己分內的事做好，最終促成的世事狀態不至於引發搶劫或害死人。這樣，有關這些事的每個問題終將融入公義這個大問題之中，到目前為止這個討論範圍是劃出來了，我將在下篇文章細談。本篇只歸結三個要點供讀者思考。

錢的主要價值和功效在於能夠支配人，這是已經闡明的了。事實證明，如果少了這個支配力，大量的有形財產是無用的。對於掌握了這種支配力的人而言，有沒有大量有形財產也比較不重要。而且，支配他人的力量可以藉金錢以外的其他手段取得。我在前幾頁說過，金錢之力總是不完備且難以確定的；有很多事物是金錢達不到、留不住的。人感受的許多喜悅是黃金買不來的，人的許多忠誠是不能用黃金報償的。

讀者會認為這說法老套。是老套，但並不是那麼老——我倒希望它有那麼老套，這種道德力雖然難以測定又無從計量，其中所含的金錢價值，卻與更有分量的貨幣代表的價值一樣真實——這個概念還未成為陳腔濫調。一個人手上可能滿是無形的黃金，那手的一揮一抓會比另一個人手中撒下大把金塊的效用還大。而且，這無形的黃金用掉了也未必就變少。政治經濟學家即便不能計量它，但只要留意，日後便會受益。

再進一步看，既然財富的本質在於有沒有支配他人的權威，假使表面上或名義上的財富少了這種威力，就是實質上失掉效用了，其實也就不再能算是財富。支配他人的權威，最近在英國顯然不是絕對的了。傭人若是覺得工資好像沒有按時發，就想衝上樓找主人理論。哪位上流人士家裡如果三天兩頭出現這種場面，我們估算他的財產時就要打折扣了。

因此，我們財富的力量顯然受傭人安分與否影響，而且同樣也要從傭人的衣食溫飽來判斷。看到廚房裡的傭人都是衣衫襤褸、三餐不繼，難免會猜想這戶人家的財富八成是言過其實。

最後一點，既然財富的本質在於有無支配他人之力，是不是因此就可以說，能支配的人地位越高、人數越多，財富就算越大？經過一番思考之後，也許甚至可以覺得，人才是財富所在。那些我們習慣用來導引他人行動的金幣，其實只是拜占庭式馬具或飾品之類的東西，在愚人的眼中看來金光閃閃煞是美觀；如果不把這些精美雕飾叮噹作響的東西套在馬的嘴上耳朵上，馬兒照樣聽話，那麼馬匹本身的價值可能就高過昂貴的轡頭了。事實是，人們會發現，財富真正的脈絡是崇高的——不像礦脈埋藏在磐石間，而是蘊藏在血肉中——甚至可能發現，一切財富的最終成效和結果是盡量多多造就有生氣的、聰敏的、開朗快樂的人。我覺得我們的現代財富反而在往另一個方向走——多數政治經濟學家似乎認為大眾對財富沒有助力，或者充其量只在維持著遲鈍呆滯的狀態下才能成為助力。

即便如此，我要再說一次，讀者可以反思：全國的製造業之中，良質「心靈」者到頭來會不會成為帶頭賺錢的事業？而且，我甚至會想像，將來說不定有那麼一天，英國拋開自己在野蠻民族時代那種把財富據為己有的一切想法；哪怕別人都在投入大量人力物力淘黃金、挖鑽石礦脈，信奉基督教的英國卻能效法古羅馬異教徒貴婦柯妮麗亞（Cornelia Africana）的美德，能以母親之姿，指著孩子衷心表示——

「我的孩子才是我的至寶。」

註解

9 我在第一篇文中說了「不良的職工只得失業」之後，不免多次遭到提問：「那麼該把失業不良職工怎麼辦？」我想讀者先前可能也想過這個問題。假定你家女傭的職位出缺，你以一年工資二十英鎊的待遇徵求新人，有兩個女孩子來應徵，一個衣著整潔，有前任雇主的嘉言推薦；另一個衣著邋遢，而且沒有推薦函。按常態，你不會直接問邋遢女孩肯不肯只拿十五英鎊工資，或只拿十二英鎊；她同意後你就雇用她，卻不用那條件好的女孩。你更不可能教兩個女孩自己喊價，最後兩個都雇用，一個年薪十二英鎊，另一個八英鎊。你只會雇用最適合這個職位的那位，打發另一個人走。你此刻雖然等不及要問我：「打發走了的那個女孩怎麼辦？」可當下你大概不會為這個問題多操心。我給你的忠告只有：處理職工的事與處理傭人的事一樣。接下來的問題當然更沉重：「你要怎麼處理不良職工、偷懶的人、耍無賴的人？」

這個我們會再談：切記，國家工商業完整體系的管理不可能只用十二頁篇幅就解釋得巨細靡遺。談到那麼遠之前，先思考一下，既然明知處置耍無賴的人和偷懶的人相當棘手，上策是不是盡量不要製造這種分子呢？你若細查一下無賴的歷史，就會發現他們確實和所有其他物品一樣是製造出來的；我們目前的政治經濟體制大大促進了無賴的製造生產，你也許能藉此看出這一套制度是錯的。

與其想辦法對付懶人無賴，我們更該尋求一種會培養正直好人的制度。我們該先改革學校制度，然後就會發現監獄裡沒什麼需要改革的了。

10 「金錢的本質是什麼」，這議題之所以出現許多爭論，除了爭論者確有不同意見外，更是因為爭論者檢視的是金錢不同方面的功能。嚴格說來，錢就是債務存在之確認。如果就金錢本身而論，我們既可認為它象徵債權人的勞動力與財產，也可以認為它代表債務人的懶散與拮据。自從人類利用金、銀、貝殼等銷售商品，賦予貨幣固有價值或安全保障（如今非得這麼做不可了），問題便益趨錯綜複雜。但是，金錢最適切的定義是國家頒發的文件式認可與擔保，憑它可以供給或覓得某項需求的勞動力。一個人一天的勞動力就是最好的價值衡量標準，比用任何物產為標準都好，因為任何產品都不可能維持一貫的生產量。

III

人世的審判官

Qui Judicatis Terram

基督紀元前幾百年的時候，一位猶太商人在「黃金海岸」經商，相傳他變成當時最富有的人士之一（而且享有精明務實的名聲），留下的分類帳本之中，夾雜一些關於財富的箴言，竟然一直保存至今。這些箴言受到中古時代活躍的貿易商重視，威尼斯人尤其拜服，甚至於在他們的一座主要公共建築物的尖頂上樹立這位老猶太人的雕像。近年來這些言語的地位一落千丈，因為每一句都與現代商業精神背道而馳。即便如此，我還是要在此抄錄幾句給讀者看看，因為讀者可能覺得新奇而感興趣，主要也因為這些話會證明，這樣一個務實又愛錢的商人在成功的經商生涯中，也可能主張財富取之有道的原則。我在上一篇強調過取之有道與不當獲取的財富有別的原則，本篇要更加透徹地檢視一番。

例如，他曾寫過：「用詭詐之舌求財的，就是自己取死；所得之財乃是吹來吹去的浮雲。」又在另一處寫下同樣意思的話（他以奇特的方式重複舊話）：「不義之財毫無益處；惟有公義能救人脫離死亡。」這兩句話值得注意的是，都斷言死亡是不義謀財的唯一真正後果與全部所獲。假如我們把騙人的「詭詐之舌」改為「騙人的商標或頭銜、託詞、廣告」，就能把這些話與現代經商的關係看得更清楚了。這是用尋死來總括地表述人努力以這種方式經商的實際歷程。我們慣於把死亡說成是在後緊緊追趕我們，而我們是在逃離它：這種情形其實少之又少。死亡通常會偽裝，把自己裝扮得「極其榮華」；不是如〈詩篇〉描述的君王的女兒內裡極其榮華，而是表面如此：「衣服是用金線繡的」。我們有生之日發狂似地追著它跑，它則不斷逃走躲著我們。我們活了七十歲年月的業績最高點，就是徹頭徹尾抓住抓牢了永恆完整的死亡──有彩衣，有灰土，有毒鉤。

另外，這位商人說：「欺壓貧窮為要利己的，都必缺乏。」還有說得更重的話：「貧窮人，你不可因他貧窮就搶奪他的物，也不可在做買賣時欺壓困苦人；因搶奪他的，上帝必奪取那人的命。」

這種「因他貧窮就搶奪他的物」的行徑，格外屬於商人式的竊盜，因為是趁人之危謀取低價的勞動力或財物。與這種打劫相反的一般攔路強盜的搶劫──因為富人有錢而搶奪他，似乎不常被這位老商人惦記；也許是因為打劫富人不如打劫窮人那麼容易獲利，而且比打劫窮人危險得多，所以謹慎的人不大會去做。

以下這兩段才是意義最深刻不凡的：

富戶與窮人相遇了。上帝是他們造主。
富戶與窮人相遇了。上帝是他們的光。

他們「相遇了」：更確實的意思是，他們站在彼此的去路上了。這也就是說，只要世界還沒毀滅，財富與貧窮的作用與反作用，富人和窮人的交會，彼此面對面，這是這個世界注定而且必要的法則，和河川流入大海、帶電的雲交相作用一樣──「上帝是他們造主。」

然而，這作用可能是溫和而公義的，也可能是猛烈而具破壞性的：它可能以強大洪水肆虐的形貌出現，或是以可運用的緩流水力形貌出現；以雷擊的漆黑呈現，或是以熊熊之火的不斷暖意呈現，溫柔，且能遠遠地形成愛的音節。會是哪一種情形，得看富人和窮人是否都知道上帝是他們的光；是否知道人類生命的奧秘中只有這一種光，人靠它看見彼此的臉也靠它生活，除此之外沒有別的光。另一本保存這位商人箴言的書則是稱這種光是「公義的日頭」，[11]上帝應許它必將出現，發散「有醫治之能」的翅膀（醫治即指增進健康或給予助益，促使完整，回歸一體）。因為唯有憑藉公義才可能做到醫治，任何愛、信心、希望都做不到；要是欠缺公義，人便會癡得糊塗，滿懷信心卻落空；一代又一代最好的人才都犯下的一個大錯，就是想藉由救濟布施幫助窮人，想藉由宣導耐心和希望幫助窮人，用了一切其他方法，或柔軟的或安慰的，偏偏不用上帝命令他們用的方法：公義。這是帶有神聖性和助益之力的公義，卻不但被最好的人才棄之不用，而且到處遭受廣大群眾憎恨。以至於臨到可以公平選擇的時候，他們拒絕有助益的和公義的；[12]反而要求派給他們一名兇手、一名煽動騷亂者、一名強盜；寧願要兇手也不要「生命之主」，寧選煽動騷亂者也不要「和平之君」，寧取強盜而捨棄「天下的公義審判官」。

我剛才比喻財富的作用，採用的意象包括河川之匯入大海。這其實不是部分的意象，而是一個完善合用的意象。通俗經濟學家自認有了重大發現：財富（或一般各種形態的財產）必往要求它去的方向走；需求在哪裡，供給就往哪裡去。經濟學家進而宣布：這種供需動向是人為法則阻止不了的。世上的水往它必須去的地方流，也正是這個意思，而且一樣肯定無疑。地勢變低了，水自然流過去。雲與河的動向不受人們的意志拘束，可是水怎樣配置處理卻是可以因人的事先規劃而改變。水流帶來的是福是禍，端看人怎樣勞心勞力。多少世紀以來，世上有太多廣大地區明明土壤肥沃氣候又得天獨厚，卻被自己的河川肆虐而變成荒漠；不但是荒漠，而且有病疫瘴癘。這種河川如果有恰當導引，本來可以灌溉它緩緩流經的土地，可以使空氣澄淨，供給人與動物食物，幫人運輸重負——卻因未曾導引而淹沒平原，隨風傳送惡臭，河水散布疫病氣息，水力造成饑荒。財富「往要求它去的方向走」也一樣，什麼人類的法則也擋它不住。人只能導引它：掘疏導的渠加上築限制的堤就可以做到徹底的導引，從而使財富變成活命之水——成為智慧作為的財產；[13]否則，若是任由財富恣意流竄，它就可能走回以前常走的老路，變成為害最重大的全國大瘟疫：〈出埃及記〉中的瑪拉之水，是餵養一切罪惡之根的水。

一般政治經濟學家給他自己的「科學」下定義時，不知為何忽略了這些分配與約束的法則。他只簡短地稱之為「致富的科學」。然而，致富的科學和技巧都有很多種。用毒藥害死擁有龐大地產的人，是中古時代廣為採用的一個手段；在擁有小筆地產的人的食物裡攙假，是現今常見的做法。古代蘇格蘭高地盜亦有道的勒索方式、比較近代不那麼有道的賒欠制度，還有其他多方改進過的挪用侵吞方法。這些在大小規模不同的產業裡運用的方式，包括最高技巧的扒竊，都要拜近代天才之賜——這些全都可以歸納到變有錢的科學或藝術的總標題之下。

由此可見，通俗經濟學家再要說自己的科學是卓越的致富科學，就必須在其特性方面附加一點限制的意思。我希望我這樣說沒有錯，他的本意是說**他的**這門科學是「以合法或公道手段致富」的科學。這樣定義之中的「公道」或「合法」是徹底保持不變嗎？有此一問是因為某些國家裡、某些統治者轄下、某些提倡者推波助瀾後，可能進程雖然合法卻完全不公道。所以，我們若是最後只把「公道」留在定義中不動，僅僅加進這區區兩個字，會在我們的科學基本原理中造成顯著的不同。因為照這樣來解釋，既要按科學方法致富，就必須憑公道的方式致富，因此便也明白了什麼是公道；

我們的經濟從而不再只仰仗精明審慎，而是仰仗精熟律法——這指的是神的律法而不是人的律法。這精熟律法當然絕非等閒，可以說是高居天國的空中，永遠注視著公義日頭之光；所以但丁《神曲》把曾有優越公義作為者的靈魂描寫成星辰一般，在天國永遠形成鷹的眼：他們在人世的時候曾是能夠區分黑暗與光明的人，或說他們曾是全人類身上的燈，就是人類的眼睛；至於那些構成鷹翼的靈魂（鷹翼為公義帶來力量與主宰權，是「有醫治之能」的翅膀），也以光在天國劃下銘文：「DILIGITE JUSTITIAM QUI JUDICATIS TERRAM」，即「爾輩人世的審判官當殷勤愛公義」（注意，不只要愛，而是殷勤地愛）：這種愛是殷切勤奮的，也就是刻意的，優先於其他一切的。應當按各自的才能與地位在人世審判或執行公理的，不只是法官，也不只是統治者，而是所有人。[14]可悲的是，這個道理被人忽視，連有心要致力於基督教徒口中所稱的「聖徒」作為（即發揮助人與醫治職責）的人亦然，有心致力於「受揀選為王」

作為（即見識與指導的職責）的人也是如此。這些稱號的真正含義早已不復存在，因為無用無能的人自以為有聖人和王者的特質；也因為一度盛行的觀念誤以為穿華服戴高冠就是神聖與高貴，不知仁愛與公正才是神聖與高貴。其實一切真正的神聖性都是救助之力，如同一切真正的高貴威儀都在於治理之力；而不公義主要就是因為不承認這些力量，才會「使人如海中的魚，又如沒有管轄的爬物」（〈哈巴谷書〉一：十四）。[15]

絕對公義的確不會比絕對真理更易達致；然而，正義的人渴求盼望公義，是與不義的人迥然不同的，這與正直的人因渴求盼望真理而有別於虛偽的人是一樣的。即便絕對公義做不到，只要以盡可能實現公義為目標的人共同努力，做到實際用途所需的公義是可能的。

此刻我們要思考的題目是，關係到勞力報酬的公義法則是什麼——這在一切法律知識的基礎之中占的分量可不小。

我在上一篇文章中把金錢報酬的概念簡化為最根本的意思來談，用那樣的方式談金錢報酬，最能說清楚其本質以及相關的公義條件。如前文表述，金錢報酬的意思根本上就是向為我們工作的某人承諾，按他今天為我們付出的時間與勞動力，日後他隨時可以要求我們給他等量的時間與勞動力，或是為他取得等量的時間與勞動力的服務。[16]

如果我們承諾給他的勞動力比他付出的少，我們給他的報酬就是偏低。如果我們承諾給他的勞動力比他付出的多，我們給他的報酬就是偏高。實際上，按供需法則，假如有兩個人願意做某件工作，但只有一個人在找人做它，這兩個人為了爭取工作就降價競標，結果得到工作的人只得接受偏低的報酬。假如有兩個人在找人做工，但只有一個人願意做，這兩個人就要較量誰出價高，結果工作的人就拿到偏高的報酬。

我將接續探討這兩種不公道；不過首先希望讀者清楚了解兩者之中包含的正當報酬或公道報酬的關鍵原則。

我們向任何人要求提供勞務時，對方可能無償提供，也可能要求報酬。關於無償提供勞務，在此無需多談，因為那屬於情感的問題——不屬於交易。假如對方要求報酬，而我們希望給予絕對公平的對待，顯而易見，要公平就得拿時間償還時間，拿力氣償還力氣，拿技術償還技術，如果某人為我們工作了一小時，我們卻只承諾以半小時工作償還，那麼我們就是占了一份不公道的便宜。如果情況相反，是我們承諾回報他一個半小時的工作，那就是他賺到不公道的優勢。公道在於分毫不差的交換；如果有任何著眼於雙方地位之處，也不會偏向雇主的一方：只因某人貧窮，他若是今天給我一磅的麵包，我明天就還他不足一磅的麵包，當然沒理由稱為平等；只因某人沒受教育，他若是為我服務而用了某數量的技術與知識，我就該回報他數量比較少的技術與知識，這樣扯平的理由也不能成立。也許最終我應該回報比他給我的還多一點，才顯得可取，或至少是像個樣子。不過眼下我們只關注公道的法則，也就是完全而精確交換的法則——這個公道報酬的根本概念原有的單純性只受一種條件干擾——鑑於勞動（恰當導引之下的勞動力）和種籽一樣會有收益，先供給的（或「預先墊付的」）勞動力所帶來的果實（即所謂的「利息」）應當一併計算，後續的償還要加算額外勞動力為利息，才能夠互不相欠。假定償還期定在年底，或定在任何其他時間，都可以大致加算這個利息額；但由於用金錢（即現款）支付的報酬與時間無關（端看接受給付的人是否要立即花用或等到幾年後才用），我們只能概括推斷，先付出勞動力的人應要在取得報酬的淨值上略占優勢，所以典型的成交條件就是：如果你今天給我一小時，我便在你之後提出要求時還你一小時五分鐘；如果你今天給我一磅麵包，我便在你之後提出要求時還你十七盎司的麵包，其他依此類推。讀者需要注意的只有一點：償還的量起碼在淨值上不得**低於**先給付的量。

抽象概念上，就勞動者而言的公道或應得的工資，就是他拿的這筆錢隨時均可幫他取得至少等同他曾付出的勞動力，只可多不可少。注意，這個衡平權益或公道報酬完全不受願做某工作的人有多少影響。假定我要給我的馬裝馬蹄鐵，可能有二十位鐵匠，或兩萬位，願意做這個工；鐵匠的人數卻絲毫不會影響接下這份工作的人得到公平合理的報酬額。他做一副馬蹄鐵要花費一生中的一刻鐘時間，要用一定的技術和氣力做它。而我以後某個時候必須從我（或由我支配的他人）的一生中抽出一刻鐘——外加幾分鐘——還給這位鐵匠，並且還給他等量的技術和氣力，外加多一些技術和氣力，去做這位鐵匠可能需要的事物。

這是償還性報酬的抽象理論，實際應用起來卻會有所改動，因為支付報酬的預定勞動力不是特定的，先取得的勞動力卻是特定的。現行的硬幣或紙鈔其實就是向國家支領任何一種定量工作的許可證；因為凡有立即需求一律適用，價值比特殊勞動力能夠達到的程度高得多，以至於拿較少量的這種通用勞動力的支領許可換較多量的特定勞力，人人都會同意這是公道的等值交易。不論哪一位工匠，都甘願拿自己的一小時工作換來半個小時的國定工作支配權，甚或只換來少於半小時也甘願。這種不確定的報酬來源，加上技術的貨幣價值不容易規定，[17]使得確認（甚至估算）任何一種勞工該領多少錢的工資都成為相當複雜的事。這些困難卻不會影響交換原則。工作的價格高低也許不是輕易算得出來；但工作**本來就能**值錢，能值多少和物質的比重一樣固定而真實，雖然物質與許多別的東西結合在一起的時候，可能不大容易斷定其比重多少。估算工作價值高低固然是難事，其困難度與或然性卻不會比斷定通俗政治經濟論中一般的極大極小值有過之。不論是哪一種交易，買方都不可能精確斷定賣方首肯的最低價是多少；賣方也不可能對於買方出價的最上限十拿九穩。雖然雙方都不可能確切知道，卻不會因此就使他們不再千方百計要把對方逼到最吃虧的地步，也不會使他們因此就不相信力求以最低價買入與以最高價賣出才是合乎科學的原則，儘管哪一方都搞不清楚真正的最低最高價是多少。講求公道的人也一樣，他認定付給公道價格就是科學原則，即便無法精算出公道價格的上下限，仍然會力求做到最接近公道的程度，一個他**能**估算出來的實際可用近似值。用合乎科學的方法估算某人的工作應得多少報酬比較容易，要估算他迫於需求會接受多麼低的報酬卻比較難。究竟哪些需求是他非滿足不可的，只能憑經驗確知；他應得的報酬該是多少，卻可以用分析的方式查明。這兩種情況，一個可以像學童做算術題那樣，試算到答案對了為止；另一種則經由計算過程將得到的結果歸入一定的限度之內。

假定某一項勞動的工作量已經都有確認的公道工資額了，我們就先來檢視一下在情況對買方或雇主有利（即是有兩個人願意做工作，卻只有一個人要找人做它）的時候，公道與不公道工資的模式如何。

不講公道的買者強迫兩個願意工作的人比賽誰要的報酬少，把兩人的要求壓到最低。我們再假定競價成功的這個人甘願只拿公道工資的半價。

於是買方就雇用他，另一個人沒被雇用。因此，首先出現的後果，或**顯而易見**的後果，便是二人之一遭到淘汰，或者說是被斷了生路。若是按照公道程序讓最佳的工作者拿到應得的代價，所產生的結果和不公道程序的後果一般無異。多位寫文章駁斥我第一篇文章的人士一直沒看到這一點，他們都認為不講公道的雇主會把**兩個人**都雇用。其實他和講公道的雇主一樣不會同時雇用兩個人。兩種雇主的唯一差別（一開始）就是：公道雇主付給受雇者單人勞力的代價夠高，不公道的雇主付給的卻不足。

我說「一開始」，是因為這最先出現的或顯而易見的差異不是真正的差異所在。按不公道程序，工作固有代價的一半落入雇主手裡，雇主因而可以用同樣不公道的工資再雇用別的人來做另一種工作；最終的後果是，他用半價雇到兩個替他工作的人，另外有兩個人得不到雇用。

按公道程序，第一件工作的完整代價會進入得到工作的人的口袋裡。因為雇主手上並沒有折扣下來的工資，**他**就不能再雇別的人來做另一件勞動。然而，雇主掌握的支配力因此變小了多少，受雇的那位工作者的支配力也就變大了多少。這也就是說，**他**手上沒被扣掉的半數工資，可以拿來僱別人為**他**工作。我現在假定一個最糟的卻頗有可能發生的情況：這個被雇用的人自己雖然受到公道待遇，卻不公道地對待不如自己的人，只要能把工資壓低到半價，就拿半價雇用別人。這種情況的最終結果就是：一個人按公道代價為雇主工作；一個人按半價為這個工作者做事；還有兩個人得不到雇用，情形和上一個例子一樣。我已經說過，這兩個人在**兩種**假設情況中都是被淘汰的。公道程序與不公道程序的差別不在受到雇用的人數多少，而在於受雇者被給付的代價，也在於付出代價的人**是誰**。我希望讀者看明白的根本差異是，不公道的例子中是兩個人為一個人工作——第一個雇主雇用了兩個人。公道的例子中，有一個人為第一個雇主工作，另有一個人是在為這受雇者工作，依此往上或往下類推各種不同等級的勞務。有了公道，影響力就推進；沒有公道，影響力便被遏止。因此，公義在這樁事上的普世且一貫不變的作用，就是削弱財富的支配力，削弱集於一人之手的財富支配大群民眾的力量，並且使財富經由一連串人分配出去。這筆財富在兩種情況中發揮的實際力量是一樣大的；不同的是，不公義會把財富全部放到一個人手裡，使得他能同時支配周遭眾多人士的勞動力，而且支配每個人的力道一樣強；透過公道程序，他能影響的只有最靠近他的那個人，財富的能量再藉由那個人傳出去，但是力道已經削弱，而且被其他想法改動了，這樣傳出去直到能量耗盡為止。

公義在這方面的直接作用因此便是削弱財富的支配力：首先是把財富攫取奢華逸樂的能力削弱，其次便是執行道德上的影響力；不容許雇主為一己之私而聚斂這麼眾多的勞動力，也不容許這麼多人的想法順從他一個人的意願。公義的間接作用也不會比較不重要。若是一群人都替某一個人工作卻只拿到不足的報酬，會使每一個有心提升自己地位的人陷入最大困難。這種系統傾向抑制人往前進。反觀充足或公道的報酬，是向下分配給層層的職級或勞力，[18]使每一個居於從屬地位的人得到公平而充足的資產，他若想力爭上游，就可以運用它。所以這不僅削弱財富的直接支配力，也排除了貧窮的最不利障礙。

勞動者的整個命運最終是依附在這個重大難題上。許多較次要的利害問題有時候也可能出現，但都是從它衍生的。例如，下層階級的人們一旦發現，自己的工資名義上（各方面看來也的確是）有一部分拿出來繳稅（好像是百分之三十五或四十），往往就會心生不安。工資這樣被扣似乎十分嚴重；但勞工其實沒有付稅款，付稅的是雇主。假如工人不必付稅，他領的工資就會恰好少了這一部分，而迫於競爭，他們的生活水平仍會低到不能再低。下層階級的人曾經鼓吹廢止穀物法，[19]以為麵包價錢便宜了他們就能過得比較好；他們根本沒有意識到，一旦麵包的便宜價格固定了，他們的工資也會固定在下降到恰好相同比率的低價位上。穀物法廢止是對的；不過不是因為這套法規直接壓迫了窮人，而是因為它導致大量的窮人勞動力無益地消耗。所以說，不必要的課稅因為減損了資本額而傷及窮人，但是窮人的命運根本上永遠繫於能不能拿到應得工資這個問題。他們的困苦（不拘是怠惰或小失誤、犯罪所招致的困苦）廣泛起於競爭與壓迫的兩種反作用力。目前世界上還沒有真正的人口過剩，多年之後也還不會有；競爭的壓力必然會凸顯地方性的人口過剩，說得再精確些，是地方人口在既有環境條件下，因為缺乏事先規劃與足夠機制而出現難以管理的情形；再加上買主利用這種競爭打壓窮人勞動力的價格，同時釀成窮人與買主自己的苦難；因為這樣做（我相信其他各種奴役亦然）會使壓迫者最終受害甚於被壓迫者。

波普《道德論》（*Moral Essays*）的詩句說得雖好，仍道不盡個中實情——

然而，要對坐擁不義之財的可憐人公道，
他們每人不過是恨人如己：
在寶礦中不得翻身，同等命運降臨
掘寶者為奴，藏寶者也為奴。
（〈詩體信三：論財富之用〉〔*Epistle III. Of the Use of Riches*〕）

我接下來要檢視公義在這方面有哪些附帶的與反向的作用（因為有必要先定義價值的本質）；然後就要細究在什麼切實可行的條件範圍可以確立比較公道的制度；最後再談到失業工人的命運這個傷腦筋的問題。[20]為避免讀者對於我們的探討內容似乎有某些傾向感到驚恐，以為這樣對財富的支配力反感是和社會主義立場相同，所以我希望讀者能確切了解我在談的某些要點。

社會主義在陸軍與海軍（都是按我所說的原則給付薪酬的地方）之中，或製造業技工（按反對我的人士的原則支領工資的人）之中，是否已經有較多發展，我都留待諸位反對者去查明再宣布了。不論他們做成什麼結論，我想必須由我自己回答的只有：如果有哪一個想法是我在每篇文章裡最常強調的，那就是平等根本不可能。我從未間斷的寫作目標乃是要證明，永遠有人比別人優秀，有時候甚至有一個人比其他所有人優秀；也要證明，指派這些人或這樣的一個人，憑他們自己的優越知識和明智決斷來指導、帶領，甚或偶爾強迫抑制才德不如他們的人，是可取之策。我的政治經濟論原則全部包含在三年前我在曼徹斯特說過的「要執劍的戰士，也要扶犁的戰士」，那些原則都用我在《現代畫家》最後一冊裡的一句話總結：「治理與合作從每一方面看都是生的法則；無政府狀態與競爭則是死的法則。」

說到這些通則會不會影響個人財產的安全保障，我完全無意否定這種安全保障，讀者最終會發覺，這幾篇文字的全部主旨都定位在擴展保障之幅度；人人早已知道而且公開宣告的是，窮人無權染指富人的財產，而我希望大家也知道並且大聲宣告，富人也沒有權利染指窮人的財產。

我已著手要推動的制度，雖然不會波及財富與資本未被看見的與附帶的支配力，但作用起來會多方縮小財富與資本所具有的明顯而直接的支配力（財富是「驕奢逸樂之后」，資本是「頤指氣使之君」）；這我倒不否認，反而要欣然承認確有此事；因為我既知道錢財的吸引力已經太強，財富的權威也已經太重，這是為全人類著想。我在上一篇文章中說過，[21]史上沒有一件事比我們承認政治經濟論常見教條是一門科學更令人類智能蒙羞。我這樣說是有很多根據的，但其中一個主要根據可以三言兩語說個明白。任何國家的歷史都沒有見過這樣的先例：既有公開承認的宗教信仰，又確立處處與其首要原則作對的一套想法。我們（口頭上）尊為神聖的經典不但痛斥愛錢是萬惡之源，是神所厭惡的偶像崇拜，並且宣告受錢財役使是與服事上帝絕對對立的；此外，每當提及絕對的財富與絕對的貧窮，必宣示富人有禍窮人蒙福。可是我們轉頭又去研究發財的科學，將它視為國家繁榮之本。

此等基督徒連衣索比亞人也不齒，
一旦兩群人眾各分東西，
一邊永遠富裕，一邊卻永遠窮苦。

——《神曲》〈天堂〉十九：一〇九—一一一

註解

11 比較正確的用詞應該下 Sun of Justness；但是一般多以古老英語的 Righteousness（公正；正當）取代刺耳的 Justness（正義），Righteousness 又因為與 Godliness（虔誠；敬畏上帝）混淆，或帶上多種不同的模糊片斷的詞義，使多數人感受不到這個字在文句中的力量。Righteousness 這個字的正確意思是公正或正當，與 Equity 所指的「公平」有別。再廣泛些說，Righteousness 是君主的正義；Equity 是審判官的正義；君主帶領或治理所有人，審判官為相對立者做分配與區別（所以會有這樣兩者並提的問題：「誰立我做你們的首領——δικαστής——或審判官——μεριστής——呢？」（見〈使徒行傳〉七：二七）於是，選擇的正義（被選擇，是比較無力的被動的正義）方面我們從拉丁文 lego（選擇）而有了 lex（法律），legal（合法的），loi（法律），loyal（忠心的）；治理的正義（指引，是比較強而主動的正義）方面我們從拉丁文 rego（領導）而有了 rex（君主），regal（帝王的），roi（君王），royal（皇家的）。編註：本書的商人箴言多改寫自聖經或次經。

12 和另一處的「公義的，並且施行拯救」意思一樣。（〈撒迦利亞書〉九：九）

13 「她右手有長壽，左手有富貴。」（〈箴言〉三：一六）

14 我聽說，不少律師看到我第一篇文章中說律師的功能是執行公義時，為之莞爾。我倒沒有開玩笑的意思；不過從上文中可以看出，公義的決斷與執行都沒有設定為專屬律師的功能。也許，我們的常備大軍——不拘是士兵、精神導師（pastor）、立法者（pastor 這個字泛指教導人的教師，lawyer 這個字泛指法律人，包括制定法律者與詮釋法律者）組成的——越能夠對國家英雄主義、智慧、誠正臣服，對國家就越有益。

15 遵照供需的法則生存乃是魚類的特權，也是鼠類與狼群的特權；但人類異於禽獸，遵照公正的法則生存。

16 乍看也許覺得勞動力的市場價表現了這種交換。其實這是一個謬誤，因為市場價乃是某項被需要的勞動力的短暫價格，公義價格是與人類生產勞動等值的價格。這個差異我會適時做分析。同樣應注意的是，我在此談的只限於勞動力的可兌換價值，不是貨物的可兌換價值。某一貨物的可兌換價值是製造該項貨物必需的勞動力價值，再加乘為貨物被需求之力。假如勞動力價值＝x，而需求力＝y，貨物的可兌換價值是xy，如果x＝0或y＝0，xy＝0。

17 我用的「技術」一詞，意思包括體力勞動者作業時集合經驗、智能、熱情而構成的力量。「熱情」的意思包括精神感受的整體幅度和動力；基本的例如耐心與用心，可以把工做得連貫而精細，或使人做工不覺得疲乏而且時間長、效果好。最高層次的例如足以成就科學的品行（因妒忌而導致科學發展遲緩，乃是當前這個世紀的經濟蒙受的最嚴重損失），以及不可言傳的激情與想像，此二者正是藝術一切價值的最原始最強大的源頭。

非常奇怪的是，政治經濟論者看不出道德元素的重要性還則罷了，竟然沒看出熱情成分是每一種算式中一個不可擺脫的未知量。例如，我想不透，彌爾先生怎麼可能一路追蹤合理線索卻只說：「不可小覷思想之重要，即便純粹從生產力和物質的觀點看，都無法將思想之重要性設限」，卻還看不出邏輯上有必要再補上「不可小覷感受之重要」。而且這一點更重要，因為他最初定義勞動力時就已經把這個概念包括在內了：「所有與個人在某職業中運用思想相關的令其不悅的感受」。既然如此，為何不連帶提及「令其愉悅的感受」？實在不能假定令人不悅的感受是勞動力之中比令人愉悅的感受更為重要的一部分。前者會阻滯勞動力，後者會推進勞動力。前者是以痛苦換取酬勞，後者是以動力換取酬勞。工作者因前者而取得的不過是補償；後者不但製造出工作的部分可兌換價值，而且大大增加了價值實有的分量。

「我們有了弗里茲。**他**能值五萬個人。」這的確是有形力量的大增。不過要注意了，力量增加之多在於弗里茲腦中進行的運作，更在於他領導的群眾心中進行的運作。「無法將思想之重要性設限」，也許無法。甚至，說不定有一天，被「小戲」的思想本身成為生產行為的一個值得追求的目標，一切有形生產只是邁向這更寶貴的無形生產的步驟。

18

很抱歉我要浪費一點時間回應某些作家的含糊其辭。他們把勞動力的類別、層級、分量與勞動力的品質混淆，存心要模糊我第一篇文章中提及的勞動力管理的例子。我從未說過上校應當與二等兵領同額薪餉，也從未說過主教俸和助理牧師俸要一樣多。我沒說過工作較重的人領的報酬應當和工作較少的人領的一樣（轄內有兩千信眾的教區牧師俸不能和信眾只有五百人的教區牧師俸一樣多）。但是我說過，只要你雇用了某人做一件工作，不管他做得好不好，都該領這份工作應得的酬勞；所以差勁的牧師也領什一俸，差勁醫生照樣領診療費，差勁律師照樣要收費。我說過，現在仍說，其中部分原因在於最好的工從來不是為錢多而做成，以後也不會是，這點在結論中將進一步顯現；但主要是因為，人們一旦知道好工壞工要付的報酬一樣，就會設法分辨好壞，從而不用壞的。報紙《蘇格蘭人》(*Scotsman*)上有一位精明的作者問我，是否贊成史密斯出版公司(Messrs. Smith, Elder & Co.)付給蹩腳文人的稿酬和付給他們聘用的優質作者的稿酬相同。如果他們聘了蹩腳文人，我贊成付同酬，不過我會正色勸他們**不要**聘，這是為他們著想，也是為蹩腳文人著想。國家目前投資在草率文章上的錢——就投資的後果看——是不划算的；甚至連想到這問題的精明之人，比起印行那些文章，可能都還有更好的去處。

19 我應當向一封來自蘇格蘭佩斯里(Paisley)的談自由貿易的有趣信函致意(早該向這封短信的署名「支持者」致謝)。來信者若得知我是——一向都是——徹底不知畏懼又不知忌憚的自由貿易主義者，恐怕會頗不以為然。七年前我在《威尼斯之石》(*Stones of Venice*)第三冊談到歐洲思維嬰兒期的各式各樣徵兆，我說：「英國國會於僅僅幾個月前承認了商業首要原則的法律效力，列入其自由貿易措施，仍有數以百萬計的人莫名所以，以致**沒有一個國家膽敢廢除其海關**。」

讀者應注意我連互惠關係的概念都不接受。別的國家要封鎖他們自己的港口，悉聽尊便；明智的國家會門戶大開。造成傷害的不是門戶開放，而是以突然、考量不周全、粗率的實驗方式開放。你若是多年來一直在保護某個製造業，就不能把保護一下子取消，以致技工立刻全部失業。這就好像體弱的孩子包裹層層厚衣服是有害健康的，但是不能在冷天裡把衣服都剝光。應該慢慢減少那麼多層的厚衣服，才能夠幫孩子重獲自由、接觸外界空氣。

多數人在自由貿易這個題目上的想法是困惑不安的，因為他們以為自由貿易暗指競爭擴大。其實自由貿易會終止一切競爭。「保護政策」(以及其他各式有害的作用)試圖使一個國家能以處於劣勢的物品生產與他國競爭。貿易一旦完全自由，一個國家的產品只要是藉由自然培育生產的，他國的產品就不可能與之競爭；這個國家的產品若不是藉由自然培育生產的，也不可能與他國的產品競爭。例如托斯卡尼無力與英格蘭在鋼鐵業上競爭，英格蘭也無力在食用油生產上與托斯卡尼競爭。兩地必須交換鋼鐵與食用油。這種交換要力求誠實，做到如海風般自由。起初的確會出現競爭，而且競爭尖銳，因為要證明誰才是某項產業上的最強者。一旦確認了強弱，競爭也就終止了。

20

我樂見讀者先自行釐清，困難究竟在於工作之取得，抑或在於取得工作之報酬。讀者是否認為職業本身是昂貴的享受，是不易得到的，在世上是求之者眾得之者少的？抑或認為，即使最令人樂在工作的職業也必須能從中得到贍養，而贍養卻不是隨要隨有的？必須先弄清楚這一點才能接著往下談，因為多數人習慣籠統地說很難「找到工作」。我們想要覓得的是職業，還是就業期間得到的贍養？我們找工作是為了結束無所事事的閒散，還是為了不想再挨餓？我們必須把兩個問題都問到，但不是兩者同時問。工作無疑**是**一種享受，而且是莫大的享受。確切而言，工作既是享受又是一項必要；沒有一個人可以不工作而維持身心健康。我這樣的感觸很深，所以我在後續文章中會建議善心而務實的人努力的主要目標之一就是：誘導有錢人多多尋求這種享受，要享受得比他們目前擁有的更多。不過，經驗似乎顯示，即便這最健康的享樂也可能使人過度沉溺，人類可能像吃肉過量一樣勞動過量；因此，供給一些人的飯菜少些，工作重些，也許是對他們好，對別的人可能要工作輕些，飯菜多些，才算是好。

21

編註：拉斯金筆誤，應為第一章開頭提及。

IV

價値爲本

Ad Valorem

前文說過，勞動力的公道報酬應是一筆日後可以換回大約等量勞動力的錢；現在要談談用什麼方法獲取這種等量。這個問題又涉及要怎樣定義 Value（價值）、Wealth（財富）、Price（價格）、Produce（產品；勞動的成果）。

這些用語的意思尚未界定到一般大眾都能理解。而最後一個，即 Produce，會令人覺得是意思最明白的一個，卻是用法最含混的；檢視目前使用這個詞帶有哪些含糊意思，正好幫我們要談的公道報酬取得的方法開一個頭。

彌爾先生在他書中論資本的一章裡說，[22]以一位五金製造業者為例，原已打算把事業經營的收益拿一部分去買銀器和首飾，後來卻改變主意，「把這一筆錢用來支付工資給額外的工人。」彌爾先生說，結果「更多的食物挪用給有生產力的勞工消耗了」。

我不會問：那麼打造銀盤子和首飾的工匠該怎麼辦？但如果是我寫了這段文字，一定會有人問我。假如銀匠確實是沒有生產力的人，我們會默許他們滅絕。彌爾先生在同一段文字中說，這位五金商人還要炒數名傭人的魷魚，這些人耗用的「食物便『解放』出來，可供生產目的之用」。我不問這數名食物被「解放」了的傭人會不會因此而受苦。但是我要嚴正地問：為什麼五金鐵器是勞動成果，銀器就不是？此位商人耗用甲而出售乙，然而這卻不足以構成是或不是的差別所在，除非能夠證明製造貨物是為了要出售，不是為了供耗用（就我看來，證明這一點日漸變成商人的目標了）。商人在一種狀況下是為消費者傳送貨物的媒介，在另一種狀況下商人自己就是消費者。[23]但如果我們說五金鐵器和銀器都是商品，那麼兩種狀況中的勞工一樣具有生產力，因為他們製造出相同價值的商品。

到底是憑什麼差異將兩者區分？如果按「道德論者所謂的比較估計值」來評定，鋼製叉子也許看起來比銀質叉子更像實實在在的生產品，這的確可能是區分二者的理由，不過彌爾先生說政治經濟學與這種比較估計法是不相干的（III，i，2）。我們也可以說，刀與叉一樣是好產品；鐮刀和犁都是有用的產品。但是槍上的刺刀怎麼說呢？假定五金商人藉著「解放」他要付給傭人和銀匠的食物之助而能夠大量銷售這種東西，他仍然算是在雇用有生產力的勞工嗎？抑或如彌爾先生所說，這些勞工是在增添「達致永久愉快之手段的存量」？（I，iii，4）再假定此人製造供應的是炸彈，那麼是否連從這些強大生產力物件取得絕對的最終「愉快」（每一枚成本十英鎊[24]），都要依該物件誕生的恰當時間地點怎樣抉擇而定？也就是說，是否依與政治經濟學扯不上關係的那些哲學思慮做的抉擇而定？[25]

我本該為了必須指出彌爾先生的作品有任何前後不連貫之處而表示遺憾，但是他的作品的價值正是來自這些不連貫。他無意中否認了自己陳述過的原則，又默認地採用了他宣稱與自己的科學毫無關聯的道德考慮，使他成為經濟學家之中值得尊敬的一位。他寫的許多篇章因此是言之成理且有價值的；倒是那些他按前提做成的推論是我必須反駁的。

上面這一段講述的核心意思完全正確，也就是說，用在製造奢侈品上的勞動力所能養活的人，的確不如用在製造有用物品上的勞動力能養活的人多。不過文中舉的例子卻很失敗——同時在四個方面不合格，因為彌爾先生沒有界定「有用」的真實含義。他給的定義是「能夠滿足某一欲求或合乎某一用途」（III，i，2），這樣的定義同樣適用於鐵器和銀器。他未曾提出的真實定義，卻是他心中所想的錯誤措辭定義深處的根本意思，他也無意中讓這個意思冒出來一、兩次（例如I，i，5說到的「給生命或氣力的任何支撐」）。這個適用於某些鐵製器物，卻不適用於其他鐵製器物；能適用於一些銀器物，卻不適用於其他銀器物。它適用於犁，卻不適用於刺刀；適用於叉子，卻不適用於銀鏤絲飾品。[26]

引出真正的定義會給我們的第一個問題帶來答案。我們問的是：

價值是什麼？說到這一點，首先必須聽聽流行的說法。

「使用『價值』這個詞如果不附加修飾詞，在政治經濟論之中永遠意指交易的價值。」（彌爾，III，i，2）按此，兩艘船如果不能互換船舵，這兩個舵按政治經濟語言說就是對彼此沒有價值。

但是「政治經濟論的主題是財富」（序言，頁一）。

財富「是由具有交易價值的一切有用的與令人愉悅的客體構成」（序言，頁十）。

按彌爾先生的意思，交易價值的基礎顯然是以有用與令人愉悅的條件組成，我們必須先確定它是否存在某件事物之中，然後才可以判斷該件事物是不是財富客體。

如此說來，一件事物是否在經濟上有用，不只取決於該事物的本質，還要看能夠用且願意用它的人有多少。一匹馬若是沒人能騎它，就是無用的，因而也是不可供銷售的。一把劍沒人能用它刺砍、肉品沒人能食用，也都是無用的。所以，每一項物質性的功用都端賴其相對的人類接受力而定。

同理：某件事物是否令人愉悅，不僅要看它是否討人喜歡，也取決於它能討得多少人喜歡。「一壺淡麥芽酒」以及「溪畔阿多尼斯（Adonis）肖像」二者的相對令人愉悅度，以及從而產生的可銷售度，實際上是依眾人的意見而定，也就是由克里斯多夫．史萊（Christopher Sly）這個愚蠢俗物來判定。[27]也就是說，一件事物的令人愉悅度取決於其對應的人類意向。[28]因此之故，政治經濟學既是一門財富之科學，就必然是一門關於人類接受力與意向的科學了。可是道德考量是與政治經濟學不相干的（III，i，2）。因此，道德考量是與人類接受力與意向無關的。

彌爾先生的陳述這樣推出來的結論不大妙。我們試試李嘉圖先生[29]的說法如何。（下文引用皆見李嘉圖著《政治經濟學及賦稅原理》〔*On the Principles of Political Economy and Taxation*〕）

「功用不是可交易價值的衡量標準，雖然功用在其中是絕對基本必備的。」（第一章，第一段）請問李嘉圖先生，基本到什麼程度呢？功用的程度有大有小。以肉為例，可以好到人人可以食用，也可能壞到沒人能吃。可交易價值「基本必備」的究竟是多大程度的好？好到什麼程度是基本必備而不是「衡量標準」？肉必須多麼好才能有可交易價值？又必須多麼糟（希望這個問題在倫敦市場裡已經解決）才是沒有可交易價值？

我想李嘉圖先生的推演似乎要打結了；不過我們且看他舉的例子吧。「假定在人類社會初期，打獵者的弓箭與捕魚者的工具是價值相等的。在此情況下，打獵者一天勞動的成果是鹿，捕魚者一天勞動的成果是魚，這鹿與魚便是價值**完全**相等的。魚與鹿的比較價值便**完全**受獲取兩者所發揮的勞動量制約。」（李嘉圖，第三章〈論價值〉，粗體是我自己做的標示。）

果真如此！那麼，如果捕魚的人捕到一條小鯡魚，打獵的人獵到一頭鹿，一條小鯡魚的價值就與一頭鹿相等。如果捕魚的人沒捕到鯡魚，打獵的人獵到兩頭鹿，零條鯡魚也與兩頭鹿價值相等嗎？

不能這樣講，李嘉圖先生的支持者會說，他的意思是指平均成果。如果捕魚者和打獵者工作一天的成果是一條魚與一頭鹿，一條魚的價值必然與一頭鹿相等。

我可不可以問是哪一種魚？是鯨魚嗎？還是當釣餌用的銀魚？[30]

這些謬誤再討論下去是浪費時間；我們要尋求一個正確定義。

數百年來，英國古典教育的用途一直十分受重視。按其宗旨，受了良好教育的我國商人起碼要記得學校裡教的那一點拉丁文。他們該記得，valorem（價值）這個字他們已經相當熟悉，其主格詞 valor 因此也應該是熟悉的。valor 是從 valere（健康；可取；強壯；希臘字源是 ὑγιαίνω）而來；如果指人是**生命**強健，或 valiant（英勇的；優秀的）；如果是指物，是**使生存狀態**強健，或 valuable（有價值的）。所以，「有價值」就是「有益於生存」。一件真正有價值或有助益的事物，即是能以全部效力導向生存的事物。價值會按照它不導向生存的程度或效力減弱的程度而下降；它悖逆生存到什麼程度，也相對地成為無價值或有害。

因此，事物的價值是獨立於意見與數量之外的。不管你怎麼看它，不論你能得到多少，這件事物本身的價值都不會有所增減。不論它有助益，或是無益；創造物與人之主賦予它的力量，任何估計都不能增高，任何鄙夷也不能壓低。

真正的政治經濟科學仍然有待與雜牌科學劃清界線，一如醫學與巫術要劃清界線，天文學與占星術要劃清界線。真正的政治經濟學是教導國人想望並且努力追求導向生存的事物的科學，是教導國人不屑並且消滅導向毀滅的事物的科學。假如人類在發展的幼稚期以為無關緊要的東西（像是貝殼內的生成物、藍色紅色的石頭）是珍貴的，並且把應該用於延展並提升生命的勞力大量耗費在撈捕挖掘雕琢那些東西上，又假如，在同樣的發展幼稚期，人們以為空氣、光、清潔這些寶貴而有益的東西都是沒價值的，再假如，他們以為自己生存的條件——例如和平、信任、愛——是可以用精明手段交易的東西（其實唯有憑藉這些條件，他們才能夠真正擁有或使用任何東西），所以甘願拿到市場上換回黃金、鐵、珍珠。偉大而唯一的政治經濟科學會教導上述每一個例子中的人認清什麼是虛浮無用，什麼是有真實價值；也會教導人們認清，死亡、「浪費大爺」、永恆虛空的貢獻，與智慧、「節約夫人」、永恆充實的貢獻，是怎樣地不同，讓他們謹記「使愛我的承受貨財，並充滿他們的府庫」（〈箴言〉八：二十一）。

「節約夫人」的含義是比省錢儲蓄的意思更深一層（雖然省錢儲蓄也是好事）：是 Madonna della Salute（安康聖母），雖然一般說到時都當它是與財富連不到一起的，其實健康是財富的一部分。讀者要記住，「財富」是我們隨後必須界定的一個詞。

彌爾先生說：「富有即是擁有大批有用的物品。」（序言，頁一）我同意這個定義。不過我們要好好徹底了解它的意思。反對我的人經常哀歎我給他們的邏輯推論不夠多：現在我恐怕必須用到比他們想要的還多一點的邏輯了，畢竟政治經濟學不是等閒之事，我們在術語用詞上馬虎不得。

所以，我們必須先確認上述定義中「有」（having）的意思是什麼，或確認一下「擁有」（possesion）的本質。然後要確認「有用」（useful）的意思或「功用」（utility）的本質。

先談擁有。米蘭大教堂的耳堂與中央殿堂相交處，三百年來一直安放著防腐處理過的聖嘉祿·鮑榮茂（St. Carlo Borromeo）的遺體。遺體手握黃金主教權杖，胸前佩有一個綠寶石十字架。姑且說主教權杖和綠寶石是有用的物品吧，那麼這具遺體算是「有」這兩件東西嗎？按政治經濟學理解的「所有物」的意思，這兩件東西是屬於這具遺體嗎？如果不是，而我們因此廣泛推定死屍不能擁有財物，那麼人體要有生氣到什麼程度什麼階段才可能擁有身外之物？

再舉一例，不久前一艘加利福尼亞船發生船難，其中一名乘客在船底被發現時，身上纏著裝了二百磅黃金的腰帶。這個人是沉下去淹死的，是他擁有這些黃金嗎？抑或黃金擁有他？[31]

假定他不是被黃金的重量沉下去的，而是被這包黃金砸中腦門，從而罹患不可治癒的病——假定是癱瘓或精神錯亂，這種情況是否比前者更能夠說是他「擁有」黃金？我不必再列舉有生命的人支配黃金的力量逐步增加的例子來繼續追究這個問題了（如果有人要求再舉例，我也會照辦），就可推定讀者會明白擁有或「有」不是一種絕對之力，而是有等級之分的；而且擁有不只在於被擁有之物的量或質，也在於被擁有之物是否適合擁有者，又是否能為擁有者所用（這比擁有物的量與質更重要）。

我們對財富的定義擴展成為：「擁有有用的物品，**物品是能夠為我們所用的**。」這是十分重大的改變。因為財富不是只憑藉「擁有」，而是還要看「能夠」與否。如同李維的《羅馬史》之中所說，落敗格鬥士在場子上的生死是憑觀眾喊一聲 habet（意即「有」）；

軍人的勝利與國家的得救是憑「羅馬人有能力」（卷七，第六章）。我們本來理論的只是物質的累積，定義擴展後還必須包含能力的累積。

動詞的意思討論到此為止了。接下來要看形容詞怎麼講。「有用的」是什麼意思？

這個問題與上一個是密切相關的。因為，在某些人手中可以發揮用途的東西，到了別人手中會有相反的用途，即一般所謂的「不當之用」或「妄用」。這東西能發揮的特質是有用或偏頗，取決於人的成分遠多於物的本身。按此，酒在希臘神話中以代表一切激情的酒神為象徵，而酒的正當用途也能「使神和人喜樂」（〈士師記〉九：十三）。換言之，酒既能強化人神性的一面或理智思維之力，也能強化人的凡俗肉欲之力。酒一旦亂性，傷害甚重的是人的神性部分，即人的理性。再則，人的身體一樣是既可能有用也可能妄用。好好訓練調教的身體可以為國家效力，作戰與勞動皆可。身體若沒有恰當訓練，或是糟蹋壞了，對國家就沒價值了，只能夠延續其私下或單獨的個人生存（而且是虛弱無益的生存），希臘稱這樣的身體為 idiotic（希臘文裡意思是「私有的」），這個詞意指做事不能對邦國直接有益的人；後來到英文裡變成「白癡」（idiot），指只關心自己事務的人。

由此可知，一件東西若要有用，不但必須本質上有益，而且必須在有助益者的手上。說得精確些，有用就是價值握在英勇優秀的人手中；所以，如前文所說，我們若認為這門財富的科學是累積的科學，它所累積的是物質也是能力。若當它是「分配的科學」來看，所指的分配不是絕對的，而是區分差別的分配；不是把每一樣東西分配給每一個人，而是把適當的分配給對的人。這是門困難的科學，不是全憑算術為基礎。

因此，財富是「**有價值之物為英勇之人所擁有**」；如果說它是存在於全體國民之中的一種力量，就必須將物的價值與擁有者的英勇這兩個元素一併評估。據此，顯而易見，許多一般認為富有的人，其實並不比他們保險箱上的那個鎖頭富有，這是因為他們本性就是永遠對財富無能。從經濟的觀點看，他們對國人能有的影響力不過像一潭死水，像一條溪流中的渦流（兩者在流動的溪水中是無用的，或僅會害人淹死；溪水若乾涸了，卻可能因為積聚水體而顯得重要）；或者像河川中的堤壩，最終能不能有用端看磨坊工人怎麼做；要不然就像意外產生的障礙阻力，沒有財富的功用，只有貧困之害，若要找一個與 wealth（財富）相對的字，只有 illth（貧困；不幸），他們的作用無非是引發各種各樣的破壞、到處製造麻煩；要不然就是完全不作用，只是有一口氣在的拖延狀態（他們的物品要等到死後才可能有用）。末一種狀態中的這種人倒往往可以在國家可能衝得太快的時候，充當阻力與「妨礙行動的重負」。

既是如此，真正的政治經濟科學的難處，不只在於有必要發展英勇品行來應對物質性的價值，而是在於英勇品行與物質價值得配合並行才可形成財富，但這兩者其實又有毀滅彼此的效用。因為有英勇品行的人傾向漠視物質性價值，甚至拋棄物質性價值——詩人波普因而這樣說：

確然，說到當得稱讚的素質，
有助於毀敗財富者多於建立財富者。
（見《道德論》，〈詩體信三：論財富之用〉）

從另一方面看，物質性價值易於削弱英勇品行，所以我們必須檢視有哪些證據顯示財富會影響擁有者的思維；還有，通常是哪一種人會致力於獲取財富，而且會成功；世人應該比較感謝富人還是窮人，是否要感謝他們對世人產生的道德影響力，抑或要為重要的商品、各種發現、實用的進步而感謝他們？不論如何，我可以預料未來會有的結論，就一個只受供需法則制約而沒有公開暴行之虞的社會而言，會變成富人的人一般都是勤奮的、堅毅的、自豪的、貪求的、敏捷的、有條不紊的、明事理的、缺乏想像力的、麻木的、無知的。不會變成富人的人有徹底愚笨的人、徹底聰明的人[32]、懶散的人、莽撞的人、謙卑的人、思慮多的人、呆滯溫吞的人、想像力豐富的人、敏感的人、博聞多識的人、沒遠見的人、非常規或衝動之下為非作歹的人、笨拙的無賴、公然作賊的人，還有徹底仁慈公道又虔敬的人。

財富的解釋到此為止。接下來我們必須確定「價格」的本質是什麼；也就是說，要確認交換價值的本質，以及交換的價值如何藉由通貨表現出來。

首先要注意，交換行為是沒有**利潤**可言的。只有勞動才可能有利潤。利潤（profit）的字源是 proficio，意思是「預先做」或「有助益地做」。交換行為之中只會產生益處，也就是可使進行交換的人得到有利條件或支配之力。因此，某人憑著播種與收割，把某個定量的玉米變成這個量的兩倍之多。這便是得到利潤。另有一個人，憑著掘地與鍛造而將一把鐵鍬變成了兩把。這是利潤。但是，擁有兩份玉米收穫的人想要有時也做做掘地的勞動；有兩把鐵鍬的人想要有時也吃吃玉米：兩人便拿盈餘的玉米與盈餘的鐵鍬交換；二人都因為這樣交換而過得比交換之前好。這個交易行為之中雖然有很多益處，卻沒有利潤可言。沒有什麼東西因為這樁交易而構築或製造出來。不過是把先前已經構築的東西給了能用它的人。如果實現這樁交易必須有勞動，這份勞動其實已包含在製造生產內，所以與一切其他勞動一樣是產生利潤的。製造或運送過程牽涉到的人不論有多少，都在利潤中有一份；但製造與運送都不是交易，交易行為本身並沒有包含利潤。

然而，也許會包含取得行為，這與利潤是大不相同的。假如交易行為中，甲能夠拿只耗費自己很少勞動力的東西，換來乙耗費很多勞動力的東西，那麼甲便「取得」了乙勞動的產品的某個分量。

他所取得的量恰恰是乙所損失的量。用商人的語言說，如此有所取得的一方就是通常所謂的「賺到利潤」；我相信我們的商人之中有不少人真以為人人都有辦法這樣賺到利潤。可是何其不幸，我們生活的這個世界的構造不容許大家都這樣有得賺，物質法則與運動法則都禁止如此。利潤或物質的所獲，只能憑藉建造或發現而取得；不能光憑交易取得。每當有物質所得伴隨交易而來，只要有一筆**加**，就必有恰好等量的**減**。

說來是政治經濟學發展過程的不幸，這些「加」在世人眼前呈現很有建設性很值得崇敬的模樣，以致每個人都巴望學一學能造就如此輝煌成果的科學；那些「減」卻往往退入偏僻巷道與其他陰暗處——甚至埋進墳墓裡消失得無影無蹤。這些狀況把這門科學的代數算式搞得很古怪，讓人很難看懂；因為記帳的人把大量負號暫時用一種紅墨水書寫，用量少而色跡淡得出奇，甚或是用隱形墨水書寫。

這樣看來，「交易科學」——我也聽說有人提議稱之為「交易經濟學」（catallactics）——這門學問，如果當作獲利的科學看，根本就是無效的。若是當作「取得」的學問看，卻是一門很奇怪的科學，因為它的數據和基底都與我們所知的其他科學不一樣。按此：假如我能拿一根縫衣針從未開化的土人手上換來一顆鑽石，我之所以有能力做到這種事，是基於土人對於歐洲社會的俗成約定全然無知，或說是靠他沒能力將鑽石賣給別人換來更多根針，靠他利用不了這種約定。再過分一點，假如我占盡一切便宜，換給他的那根縫衣針是沒有眼的（從而達成交易經濟學完美操作的一個充分圓滿典型），我在這筆交易中的優勢完全來自與我交易的人無知、沒能力、不用心。若是把這三個條件拿掉，交易經濟學上的優勢就不翼而飛了。所以，看到這裡便可知道，交易的科學只能帶給交易雙方的一人益處，它的立論基礎在於對手無知或無能力。只要這些條件消失，原理就不成立。由此可見，這是以nescience（缺乏知識）為基礎的

science，竅門只在對手不諳世故與欠缺伎倆。其他所有科學的目標都是要掃除與科學對立的無知，唯獨**這門**科學必須竭盡所能擴散並延長對方的無知，否則就行不通。因此，這門學問成了獨一無二的黑暗科學；也許是一門劣種科學——不是藉某種神聖的知識（divina scientia）而生，卻是拜另一個爸爸之賜，這位爸爸教孩子要點石成麵包，他自己卻在從事把麵包變成石頭的勾當，你若向這種人求魚（魚是他的地產上出產不了之物），他只會給你一條蛇。

再說公道交易或經濟學交易的通則，不過就是：交易雙方都必須能得到益處（若僅僅一方受益，起碼也不能讓另一方受害）；促成交易的中間人（一般稱之為商人）付出了時間、智能、勞力，應得到公道的報償；交易雙方不論有什麼利益，不論付給中間人什麼報償，都應當是三方皆知的。一切存心蒙蔽的行為都與公道交易背道而馳，是以「缺乏知識」為基礎的不神聖科學。前文談過的那位古代猶太商人也曾就這一點說過：「像木橛插在兩塊石頭之間，罪惡亦鑽進買賣之中。」用到這種奇特的石材與木頭鉚接闡釋人與人的相互對待，在〈撒迦利亞書〉第五章也有，說的是「飛行的書卷」降臨，「連房屋帶木石都毀滅」，因為書卷（更可能是一柄「彎刀」）是「發出行在遍地上的咒詛，除滅偷竊不認罪的人」。緊接著又有巨大的「量器」的景象，是評量「世人不公義惡行」（αὕτη ἡ ἀδικία αὐτῶν ἐν πάσῃ τῇ γῇ）之器，口上覆蓋圓鉛，裡面關著象徵罪惡的婦人——也就是說，罪惡隱於晦暗之下，形於外者則成為沉重的酷刑。「就把他安置在他自己的巴比倫之地。」[33]

截至目前，我講到交易時都限制自己只用「益處」一詞；這個詞卻包含兩個意思，即是，取得**需要**之物的益處，以及取得**想要**之物的益處。世間的一切需求有四分之三是浪漫幻想的，是從憧憬、理想主義、希望、情感而來；錢包的調節控制本質上又是想像與心境的事。因此，如何恰當地討論價格的性質，乃是十分重大的形而上的、精神性的問題；有時候只能用激情的方式求解，就像大衛王計算「伯利恆城門旁的井水」的價格那樣。不過應有以下的基本條件：任何事物的價格高低，都依想要得到它的人為了占有它而付出的勞力有多少而定。這個價格取決於四個變量。A量是買者想要某物到什麼程度；相對的α量是賣者有多麼想要保留它。B量是買者為了得到它能負擔的勞力付出；相對的β量是賣者為了保留它所能負擔的勞動。這四種量只在此大彼小的時候發生作用；即是，出現一(A)量，意指想得到某物的願望高於想得到其他東西的願望，願望間差距之量；或是出現一(B)量，意指可從獲取其他東西必需的勞動中挪用勞動獲取此物，勞動間差距之量。

由此可知，價格的現象是極為複雜奇怪又有趣的——複雜到現在還不能檢視的地步。每一筆價格，只要追溯得夠遠，就會顯示那終究是〈撒迦利亞書〉所說的「困苦群羊」（或「將宰群羊」）的交易，「你們若以為美，就給我工價，不然，就罷了。」（〈撒迦利亞書〉十一：十二）但是，既然一切事物的價格最終是以勞力計算，就必須界定評量價格的標準是什麼屬性。

勞動是人的生活與對立面的競爭；「生活」包含人的智能、心靈、體力，要與問題、困難、試煉、物質力量一搏。

勞動因為包括的生活元素或多或少而層次可高可低：良質的勞動，不分種類，所包括的智能和感情分量，必然都足以周全地調節有形之力。

說到勞動的價值與價格，總得理解哪一種勞動屬於哪種等級，品質是好是壞。這與我們論及黃金白銀都是指特定的標準而言，情形是一樣的。劣質的（也就是指沒用心的或生疏的、無目的的）勞動，就好像黃金攙雜不明成分或鐵有瑕疵，是無從評估價值的。[34]

勞動的品質、種類既已確定，其價值就不會變了，情形與所有其他有價值的東西是一樣的。用勞動換取別種事物，需要的量多大多小，卻是可變的：估算這種變動時，必然一貫是用勞動的量來計算別種事物的價格；不能用別種事物的量來計算勞動的價格。

按此，假定我們要栽種一棵蘋果樹苗，在石頭很多的土地上需要耗費兩小時的勞動，栽種在鬆軟土地上只需半小時。假定兩種土壤同樣適合蘋果樹成長，花兩小時種的這一棵的價值絕不會比只花半小時便種好的那一棵高。兩棵樹結的果實會一樣多。此外，在兩種土壤上種樹半小時的工作價值是一樣的；不過，有一棵樹耗費了四份半小時工價，另一棵只耗用一份。這項事實的恰當陳述，不是硬土地上種樹的勞動比鬆軟土地上種樹的勞動賤價；而是種在硬土地上的樹比較貴。之後的交易價可能會取決於此一事實，也可能不會。如果別人有的是適合種蘋果樹的鬆軟土地，他們出價購買石質硬土上種的樹時，就不會理會我們是否耗費兩小時。再假設，我們因為欠缺植物方面的知識，沒種蘋果樹而種了一棵樹汁含有劇毒的見血封喉樹，交易價就變成負量，與耗費的勞動更不成比例。

因此，一般所謂的勞動廉價，其實意指勞動必須克服的障礙很多；所以，為了產生一點點成果就得耗費很多勞動。但這絕不該說成是勞動的廉價，應該說勞動做成的事物是昂貴的。因此說勞動廉價，就如同我們因為得步行十哩路回家吃晚飯而說步行廉價，因為得工作十小時才賺到一頓飯就說勞動廉價，道理是一樣的。

最後一個必須定義的詞是Production（生產；製造）。

討論至今，我一直將一切勞動講成是有利的；這是因為我們不可能把勞動的品質或價值，以及勞動的目的，放在一個標題之下來談。最優質的勞動其實可能各有不同的目的。有些勞動，例如農業，目的屬於建設性的（constructive，這個字源自拉丁文con加上struo，有「收聚；匯集」的意思）；有些是無用的，例如鑲雕珠寶；有些是毀滅性的（destructive，字源de加上struo，有「分散；潰敗」的意思），例如戰爭。可是，要證明看來無用的勞動確實無用，未必是件容易事。[35]大體而言，總可依循這個常規：「不同我收聚的，就是分散的。」（〈馬太福音〉十二：三十）所以，珠寶首飾工匠的技藝若是用於迎合愚蠢粗俗的自大驕氣，也許就是大大有害的。因此，總結來看，我認為幾乎所有的勞動都可以扼要地分為正面的勞動與負面的勞動：正面的是可以製造生命或生活的勞動；負面的是會製造死亡的勞動。最直接的負面勞動就是殺人，最直接的正面勞動就是生養孩子。就閒散不勞動的狀態來說也是，殺人是負面的，生養孩子是正面的，殺人行為可恨到什麼程度，養育小孩便值得稱許到什麼程度。基於這個原因，也由於養育子女[36]有值得崇敬的意思，一般多稱做妻子的是葡萄樹（代表喝采歡呼），子女是橄欖枝，象徵讚美：不僅是讚美，還是和平（因為只有和平時期能夠造就子女眾多的家庭）——不過，由於子女會往各個不同的方向散布遠行，將生活力分配出去，他們對於原本的家庭力量而言，就像巨人手中射出去的箭，擴散到各地遠方（〈詩篇〉一二八；一二七）。

既然勞動的結果各有不同，那麼，任何國家繁榮富足的程度，都與獲取與應用維生手段所耗的勞動量完全成正比。注意——我說獲取與使用；換言之，不但生產製造要明智，分配與消耗也要明智。

經濟學家的言論通常似乎都以為純粹的消費不可取。[37]實情非但不是如此，純粹的消費還是生產製造的終點、頂峰、圓滿。聰明的消費也遠比聰明的生產來得困難。二十個人可能因為一個人能使用產品而賺到錢，對於個人與一國之人而言，最重要的問題從來不是「他們能賺多少錢」，而是「他們為什麼目的而花錢」。

我迄今甚少提到「資本」及其功效，讀者大概覺得奇怪。這裡正是該界定資本的時候。

資本（capital）意指「頭；起源；根本原料」，一些衍生物或間接的商品便是從原料生產出來的。資本必須能生產與自身不同的東西，才算是真正的資本——是 caput vivum（活的頭），不是 caput mortuum（死的頭）。資本是一種根，要等到它產生了根以外的東西，它才開始發揮最重要的功效；而這根以外的東西便是果實。這產生出來的果實遲早也會再生出根來；一切活的資本便如此導致資本再生。可是，資本若是只能產生資本，製造不出資本以外的東西，這不過是根生出根，球莖生出球莖，開不出鬱金香花朵；穀粒生穀粒，沒做成麵包。「歐洲政治經濟論」到目前為止一直全心投注於如何倍增球莖的數量，或是關注於如何多多聚積球莖（甚至更不重視這方面），從不曾看到，也想像不到，還有鬱金香花這回事。按經濟學家定義的聚積法則之中的任何結果或意義看，它們可能是燒沸的球狀物——玻璃的球形物，是魯珀特之淚（Prince Rupert's drop），這種滴狀玻璃泡的細端一旦折斷，便在裂紋擴展作用下爆裂得粉碎（這只是玻璃粉，還不是火藥呢）。我們要把觀念再講清楚些。

說到資本，最明白的籠統典型就是一柄製作精良的犁頭。假如這犁頭什麼事都做不了，只會長出另外的犁頭，像息肉那樣，這樣一團息肉似的犁頭在陽光下不論多麼耀眼，也已喪失它的資本功能。一柄犁要能用於耕田，在土地上劃出一道道犁溝，發出另一種光芒，才算得上是真正的資本。因為不惜磨損精製的犁頭，這樣高尚的犧牲，才有 splendescere sulco（閃亮的犁溝）。而真正切中每個資本家與每個國家要害的問題，不是「你有多少柄犁」，而是「你耕的犁溝在哪兒？」——不是「這筆資本再生的速度有多快」，而是「它再生的過程中能做些什麼？」它能為生活裝備什麼有益的資質？能為保護生命做什麼建設？如果它一樣也做不到，它的自我再生是無用的。如果比一樣也做不到還要糟（因為資本能維持生命也能毀滅生命），它的自我再生就是比沒用更糟；它不過是向復仇女神預支的東西，要藉抵押品換來，不是用什麼方法賺來的利潤。

這不是利潤，古代人確實已經看清這一點，希臘神話中的伊克塞昂（Ixion）即是一個代表。資本是頭，是財富的泉源——是財富的「本源」，如同雲是雨的本源。然而，若是雲不含水分，只會生出更多雲，結果不會下雨，只有重重烏雲，只導致雷電而沒有收割。神話中的伊克塞昂先是設宴請客，繼而使賓客掉進火坑，是錢財誘惑導致不得脫身之折磨的典型，是陷入深淵的折磨（《天路歷程》〔*The Pilgrim's Progress*〕中底馬〔Demas〕的銀礦亦屬之）。後來，伊克塞昂因錢財而猖狂的行為從貪求享受轉為垂涎神力，那卻是他未真正理解的力量。故事說他對天后朱諾起了色心，把看似朱諾形象的雲團（幻影）擁入懷中，因而生下半人半馬的後代。區區錢財的力量如同抱住一把幻影，是不會帶來慰藉的（〈何西阿書〉十二章一節也說，「以法蓮吃風且追趕東風，時常增添虛謊和強暴」；〈箴言〉二十三章五節則說「虛無的錢財」；但丁筆下的桀里恩〔Geryon〕是另一例子，這人頭妖怪凌空飛行時以能縮回的爪子抓風〔l'aere a se raccolse〕，[38]它是貪婪詐騙的典型）。擁抱幻影生下的後代是野性與人性的混合；聰敏的一面是人性——半人半馬智能高而善射；其下肢與四蹄則具有毀滅傷害之力。伊克塞昂因觸犯天條被罰綁在多尖齒的火輪上，在空中旋轉永無休止——這是肇因於人類自私徒然之勞動的典型（這一直保存到中世紀的命運之輪的意象）；這火輪本身沒有生息沒有靈性，只隨機旋轉。〈以西結書〉中所見的四輪異象儘管是真實記載，「活物的靈」確在輪中，「活物行走，輪也在旁行走」；但是輪不會離了活物的靈而行動。

既知道資本的真實本質了，便可知真正的生產有兩種，始終以活動的狀態進行：一種是種籽生產，一種是食物生產；或可說一種是為了土地生產，一種是為了人生產。在貪求的人心目中，兩者都不過是為了要裝滿糧倉。糧倉的功用卻只是過渡的，是暫時保存，結果是要分配出去；不然只會放到發霉，讓鼠輩和蟲類去吃。由於為土地生產要有功用只能寄望未來的收割，所以一切**必要的**生產都是為了人；最終是以人來衡量。如我在前文中說過，消耗是生產的頂峰；一國的財富多寡只能按它消耗了什麼來估算。

凡是看不清此一事實的，都是嚴重的錯誤，釀成政治經濟學家們的錯上加錯。他們的心念始終放在獲得金錢上，沒放在贍養人口上；所以墮入各式各樣的羅網陷阱，被亮晃晃的銅板迷昏了頭，就像鳥兒被捕鳥人網上的閃亮玻璃迷惑；其實他們（因為除了上述這一點，他們與鳥兒相似之處甚少）更像小孩子試圖跳得比自己的影子高；金錢上的收穫只是真實收穫的影子，人才是真實的收穫。

因此，政治經濟論的最終目的，是要謀求良好的消耗方式，以及大量消耗的好方法。換言之，是如何使用一切，以及如何使用得宜，無論是使用實物或服務，抑或是為了改善實物而提供的服務。彌爾先生所有作品中最奇怪的錯誤（原本是拜李嘉圖之賜），即是他一心要區分直接的與間接的服務，從而認定商品的需求並不是勞動力的需求（I，V，9起）。他把受雇打造遊樂園的勞工與製造絲絨的勞工劃分為不同類，宣稱資本家在這兩件事上花錢的方式，對勞工階級而言大不相同。因為，雇用造園工人是一種勞動力需求，購買絲絨卻不是。[39]這是天大的錯誤，而且奇怪至極。當然，我們若是吩咐一名勞工在春日風中揮動長柄鐮刀工作，或是令他在有毒的空氣中操作織布機，對他而言是大有差別的。但是如果就他的荷包而言，不論我們要他做的是用種籽和鐮刀織出綠色絲絨，還是用絲料和剪子織出紅色絲絨，都能賺到工資，就沒有絲毫差別。絲絨織成以後，我們的消耗方式是把它鋪在地上踩，或是做成衣服穿，只要是完全用在我們自己身上，都不值得他掛心。但是，如果消耗方式不是我們要自享，不但我們如何消耗索求的物件值得他注意，我們索求**哪一種**物件來消耗，也值得他關切。照這樣看（這裡要回頭再看彌爾先生了不起的五金業者理論了[40]），就勞動者的直接利害而言，我雇他來做的是種桃子或鑄炸彈，沒有多大關係；至於我會用什麼方式消耗這兩樣東西，關係可就大了。假定桃子和炸彈都不是我要自享，我會不會在他的孩子生病時帶了桃子到他家去送給孩子吃，或是將炸彈順著他家的煙囪扔下去轟掉他家的屋頂，對他而言有絕對的差異。

對於這名勞動者而言，最糟的消耗狀況是，桃子我們自享，炸彈卻分配出去。[41]然而，不管哪種狀況，都免不了廣泛而普遍的事實，即是，根據應有的商業性交易經濟學原則，總得**有人的**屋頂被轟掉，才可圓滿炸彈的命數。你可以隨自己高興而種瓜果分享旁人，或是準備霰彈伺候；按交易經濟學原理，旁人也會種瓜果供你享用或備下霰彈伺候，你們雙方都會種什麼因得什麼果。

所以，用什麼方式消耗以及消耗的後果，才是生產行為要通過的真正考驗。生產的用意不在辛勤努力做出了什麼東西，而在於做出來的東西怎樣合宜地消耗；國家要面對的問題不是雇用了多少勞工，而是造就了多少生活。因為，如同生產的最終結果與目的是消耗，消耗的最終結果與目的正是生活。

兩個月前我把問題交給讀者去思考，當時我認為，與其我來解說得一清二楚，不如讓讀者自己把它想明白。現在既已切入了題目（同時展開的問題有著諸多細節，太複雜而無法在期刊的篇幅裡討論，導致我不得不另闢詳論的空間），我想在這一系列導論文章收尾時清楚交代一件極重要的事實。「**除了生命，沒有財富可言。**」生命，包含其中的一切愛、喜悅、欣賞的力量。最富有的國家，就是能培育出最多數的高貴幸福之人的國家。最富有的人則是，不但以最大程度成就自己生命的職責，而且憑藉為人及自己擁有的事物對他人生活產生最廣泛的有益影響。

這是新奇的政治經濟論點；卻是唯一通行過或可能通行的一種。至於以利己私心為立論依據的所有政治經濟論，[42]不過是在執行一度導致「天使政治」分裂又使「天國經濟」破產的那一套。

「最多數的高貴幸福之人。」高貴與數目大是並存的嗎？是，不但並存，而且高貴是不可或缺的。生命的極大值唯有靠道德的極大值來達成。就這一點而論，人口的增減法則與動物種群的增減法則是完全不同的。動物種群的繁殖，只會因為食物缺乏與天敵存在而受抑制。蚊蚋的數目會受燕子捕食的約束；蚊蚋數目變少也會約束燕子的繁殖。人類既是一種動物，確實也受這種法則的局限：饑荒、瘟疫、戰爭都是約束人口增加的必然且僅有的外力——這些約束力從古至今一直有效——人類的主要研究一向都在探求如何最迅速地毀滅自己與蹂躪家園，人類最高超的技能一向都用於擴大饑荒範圍、引發瘟疫、強化殺傷力。如果不從人類亦是動物的一面看，人口的增加是不受這些法則局限的。局限只在人的勇氣與愛有多大多強。勇氣與愛都**有**止境，也應當有止境；人類也有自己的限度；不過這些限制都還沒有達到，很久以後也不會達到。

我所知道的人類所有思想領域之中，再也沒有比政治經濟學家的人口問題推論更令人喪氣的了。有人提議提高勞工薪資以改善其生活條件。經濟學家卻說：「反對。如果給他加了薪，他不是在生兒育女，拖上妻小一起回到沒有加薪之前的窘境，就是把多出來的錢花在買醉上。」他的確會如此。我也曉得。是誰給了他這樣做的意念？假定你是在說你的兒子，你對我說你不敢把他帶進你的公司，甚至不敢付給他勞工應得的薪資，因為恐怕這樣做會害他酗酒而死，留下十個他無力撫養的孩子給堂區照顧。我就要問了：「是誰給了你兒子這種意向？」他是從遺傳得來還是從受的教育得來？不是天生如此便是被教育成如此；你兒子和一般貧窮的人是一樣的。除非那些窮人是與我們根本不同的一種動物，且無藥可救（此話我雖尚未聽人公然講過，暗示的話卻時有所聞），否則，讓他們得到我們自己接受過的照顧，應該能教他們和我們一樣懂得節制與清醒——和我們這些難以仿效的楷模一樣明智又冷靜。反駁者要說：「但是他們不能接受教育。」為什麼不能？這才是真正有待解答的問題。慈善人士以為富人犯的最大錯誤就是不給窮人肉吃；他們向「群眾之主」呼求要肉，卻被詭計欺騙而得不到。[43]可歎哪！不讓人吃肉並不是最殘忍的惡行，這樣的指控也不是最確鑿有理。生活的意義豈只是有沒有食物吃而已。富人不讓窮人得到的不僅是食物；他們也不讓窮人有智慧；不讓窮人有道德；不讓窮人得超脫。你們這些沒有牧人的羊群啊，你們被剝奪的不是青綠草地，而是堂堂正正存在的身分。要吃肉嗎？你們或許有權就此事提出申訴，但是應當先要求其他權利。你們願意的話，可以撿拾掉在桌面上的餅渣；但是要以小孩子的身分去撿，不要當自己是狗；要拿回你們吃飽肚子的權利，但是要更大聲地要求自己成為神聖的、完美的、純潔的人的權利。

用這樣的詞句說做勞工的人很新奇嗎？「什麼話！神聖，既無華服也無膏油，這些衣衫粗陋言語粗鄙的、做著難以形容的卑賤勞役的人還談什麼神聖。這些目光昏花笨手笨腳且腦筋糊塗的人談什麼完美？如此耽於感官欲望奴顏卑膝的人、身體骯髒心靈猥瑣的人談什麼純潔？」話雖如此，這種模樣的他們，乃是當前人世能展現的最神聖、最完美、最純潔的人。他們也許就是上述的那樣；然而，如果是，他們仍舊比我們要神聖些，是我們拋下他們不顧，才害得他們如此。

可是我們能幫他們做什麼呢？誰能給他們溫飽？誰能教導他們？誰能抑止他們越來越多？他們除了彼此消耗毀滅，最終的結局還會是如何？

我期望是另一種結局，當然絕不是經濟學家通常意指的人口過剩三對策之中的任何一種。

那三對策，簡單地說，即是：殖民，開闢荒地，阻止結婚。

其中第一策和第二策，不過是迴避問題或把問題延遲。全世界都被殖民、荒漠全部被開墾，確實都是很久以後的事。但是根本的問題不在世界上有多少可供人居住的土地，而是可居住土地上的某個空間應當維持得了多少人的生活。

注意，我說**應當**，不是說能夠維持多少人的生活。李嘉圖定義他所謂的「工資自然率」，說是「能養活勞動者的費率」，這講得和他平常一樣不精確。我把他的這段文字讀給一位職業女性聽，她立即反問：「養活他！沒錯。可是，是怎麼養法？」我來幫她把問題進一步闡發：「養活他，怎麼個養法？」首先要問的是，養活到多長的壽命？一批能夠有飯吃的人之中，多少人該老——多少人該年輕？也就是說，要不要把他們的生活維持得導致他們早死？（假定平均壽命三十或三十五歲，其中包括病弱而死的人和營養不足而早夭的兒童。）或是維持得讓他們活到自然死亡？第一種狀況下，因為人口更替迅速，需要食物供應的人數比較多，[44]第二種狀況的人口數目也許比較適當：李嘉圖先生指的自然狀態是哪一個呢？工資自然率是屬於哪種狀況？

還有：一塊只能維持十個懶散無知又浪費的人生活的土地，足夠維持三十或四十個有智能又勤勉的人生活。這兩種狀態哪一個是自然的？工資自然率是屬於哪一種？

還有：假定一塊土地維持著四十個勤奮耕作卻欠缺知識的人生活；假定他們不想這樣無知下去了，於是挪出十個人去研究圓錐體的特性與天體的大小；這十個人的勞動力從土地抽離以後，必須謀求以轉換方式來增加食物，否則這些投身天體和錐體研究的人就要挨餓了，或者另有別人因為他們不耕作導致食物短缺而挨餓。所以要問，從事科學研究的人的工資自然率是什麼？這自然率又如何適用或衡量他們挪走的或轉換的生產力？

還有：假定這片土地起初足以維持四十個心態平和而虔誠的勞動者生活，幾年後他們卻變成爭吵不休心術不正了，所以不得不分派五個人負責思慮並解決紛爭；再分派十個人披掛全副昂貴的武裝來執行五人的決策；又分派五個人專門用雄辯口才提醒大家要敬畏上帝；如此一來，整體生產力會受到什麼影響？那些專責用思考、用肌肉、用口才的勞動力適用的「工資自然率」是什麼？

這些問題就留給李嘉圖先生的信徒去討論也罷，擱置也罷。我接著就要點出有關勞動階級可能面對的未來的一些重要事實，這些彌爾先生的文章只大略提及部分。他書中的那一章以及前面的一章，既承認自然界某些方面的價值，又對於自然風景有可能遭到破壞表達了遺憾，這與常見的政治經濟論著作說的都不一樣。我們倒不必為這一點多慮了。人既不可能喝乾河川，也不會去吃石頭。某一片土地上的人口最大值，必然也包含相對的可食用植物（不拘供人或牲畜食用）的最大值；必然包含潔淨空氣與淨水的最大值，從而包含地上林木與斜坡草地的最大值：林木可使空氣清淨，有草本植物叢生的斜坡地可以擋住酷熱，維持水分不蒸發，供給溪流水量。英國如果樂意，可以整個變成一個製造業之都；英國人就這樣為全人類著想而自我犧牲，可能淪落到在噪音、黑暗、致命廢氣之中過著劣質生活。然而世界不可能變成一座工廠，也不可能變成一座礦場。再厲害的智謀都不可能把鐵變成供給數以百萬計的人食用，也不可能用氫取代酒。貪婪和妄欲永遠不可能使人飽足，罪惡之都索多瑪與蛾摩拉的美酒佳餚擺上餐桌，不論多麼華麗，美食也等同塵土，佳釀不過是蛇毒——只要人們是憑麵包維持生活，滿覆上帝黃金的遙遠山谷必會大笑，祂的幸福群眾的歡呼必繞著酒坊與水井響起。

比較感情用事的經濟學家也不必害怕機械式農業的那一套會蔓延太廣。既然聰明的人口存在，就表示他們會尋找食物也會尋找幸福；一定要能在這世上可居住的地方「欣然施展」這種聰明，人口數量才可能達到極大值。沙漠自有其指定的地位和任務；地球這部永恆的發動機，軸心是其傳動桿，年月是其律動，海洋是其呼息，依舊會把寒熱力量分派到與不可犁耕的岩石地接壤、被疾勁風沙橫掃的沙漠王國：介於其間的可居住地帶與土地，卻會是最可愛的聚居棲地。心之所願也就是眼裡的光亮。任何景致都不可能受到人們不間斷不厭倦的喜愛，除非是人愉悅勞動造就的：田野之平整；庭院之美妙；果園之充實；家宅之整潔、溫馨、比鄰相依，有活潑的聲息此起彼落。寂靜的空氣不會甜美，除非充滿了隱約的聲音——鳥兒的歌唱、昆蟲的啾啾唧唧、成人的低聲言語、兒童清脆的嘻笑，才會顯出甜美。一旦學會了生命的藝術，最終便會發現，一切可愛的事物都是不可少的——道旁的野花和用心耕作的玉米同樣必要；野鳥及森林動物和豢養的牲畜同樣必要；因為「人活著不是單靠食物」，也要靠沙漠中的嗎哪；要靠上帝每一句奇妙話語和上帝所行的人卻不可知的每一件事。因為人自己與祖先都不知道，因為處處存在的生命驚奇將延續至無限久遠，所以幸福。

切記，朝向人類真正幸福的一切有效的進展，都必須是個人作為，不會是公眾之行動。一些總體的措施也許有幫助；一些修訂的法條也許能導引這種進展；但是必須先確定那些措施和法條是每一個人家庭的措施和法條。我們不斷聽到精明的人給訴苦的旁人（通常是處境不如精明人士者）的建議是，他們應當「對上帝安排給他們的處境心滿意足」。人生有些處境，上帝也許並不**要**人們對它心滿意足。這句箴言基本上雖是句好話，卻是僅供自家之用。旁人該或不該對**他自己的**處境心滿意足，不必由你去多管閒事；你要對自己的處境心滿意足，這才是你必須管好的。英國目前所需的主要是，證實可以憑鍥而不舍的、管理合宜的、謙遜的、坦誠的、勤奮的能力獲得多少快樂滿足。我們需要的實例是：人們如何讓老天去決定自己的地位會不會往上升，但自己決定要在世上活得幸福；人們打定主意不要追求更大財富，只要更單純的快樂；不求好運連連，但求更深刻的幸福；把沉著自若放在必備資產的首要地位，以無害的自尊與平靜地追求和平來榮耀自身。

〈詩篇〉描寫這平庸的和平，說「公義和平安彼此相親」；〈雅各書〉說公義的果實「播種在製造和平者的和平之中」（sown in peace of them that make peace）。這裡說的 peace-makers 並不是一般常指的「調停者；和事老」的意思（雖然調停這個功能也會隨著更重大的功能而來）；而是指和平的締造者，帶來平靜的人。自己若不能先得到平靜，不可能把平靜帶給別人；這平安也不是所謂的按商業正常過程走就一定能得到。追求平靜最行不通的也許就是這一條路，因為商業本質上就是靜不下來的（從各國語言字源來由可見一斑，如：πωλεῖν〔賣〕從 πέλω〔變成〕而來；πρᾶσις〔買賣〕從 περάω〔穿過〕而來；venire〔來〕、vendre〔賣〕和 venal〔貪汙的〕由 venio〔來〕而來等等）——也許是動輒起爭執的，貪念釘住往復不停的變動，像追逐腐肉為食的烏鴉；咬著橄欖枝傳送和平的鳥兒卻要尋找歇腳的安頓。所以〈箴言〉上說，智慧「建造房屋，鑿成七根柱子」；她雖在屋柱門口久久守候愚蒙的人前來，但不得不離開外出時，她走的道路也是和平的。

不論如何，就我們而言，她要做的事必須從大門口就開始：一切真正的經濟都是「殿的法則」。努力促使這套法則嚴謹、簡單、寬厚：不造成任何浪費，沒有任何怨懟。關注絕不放在如何多賺錢上，而是放在如何發揮錢的功用；時時牢記一項重大的、實在的、不可避免的事實（也是一切經濟的規律與根本）：某物既是一個人所有，就不可能為另一個人所有；還有，使用或消耗的物質，不論是什麼種類的物質，其每一個原子都耗費了等量的人類生活。耗用如果是為了維護現有的生活，或是再獲得更多生活，那就是良好的耗用。如果不是這樣，那便是對於生活的等量阻礙，或是等量的扼殺。一切購買行為首先要考慮的是，你買的這個物品的生產製造者的生活條件，會因為你買它而受到什麼影響；第二，你付的代價對生產製造者是否公道，交到他手裡的是否符合他應得的比率；[45]第三，你買的這件物品在食用或知識、悅樂方面能有多少絕對效益；第四，可以分配給誰，用什麼方式分配最快速也最有用。一切交易，不論是哪一種，都堅持完全坦誠而嚴格履行；一切行事都堅持做到圓滿合宜；特別要堅持一切上市銷售的商品都是精良純正的；同時要留心一切可能引領或教導我們領略單純快樂的方法，以及如何證明「ὅσον ἐν ἀσφοδέλῳ μέγ᾽ ὄνειαρ」（人生的平凡事物中蘊藏多大幸福）——享有快樂的多寡不是看你體驗的事物有多少，而是看你能不能有活力有耐心地體驗。

如果，在充分且誠實地思考過這些之後，會覺得現在的種種懇求憐憫與主張權利的呼聲給人們張羅的生活不是享受奢華的那一種（至少暫時不會是）；想一想，我們明明看見伴隨世間奢華的那些苦難就在一旁，即便自認問心無愧，還會想要享受奢華嗎？未來享受奢華當然是可能的——清白精美的奢華人人得享，人人互助而共享。目前卻只有無知的人會以奢華為樂事；活生生的人再怎麼殘忍，也不會到他擺出的宴席上入座，除非把自己的眼睛蒙住。勇敢地揭掉遮掩，面朝著光；如果眼睛得透過淚水才光明，如果身體的光必須穿透粗布衣，那麼就帶著寶貴的種籽流著淚出去，等待時機到來，天國到來，當基督賜的麵包與留下的平安將要「給那後來的和給你一樣」；當世上原本隔絕的惡人群和困乏之人群得到比狹小的屋舍更神聖的和好，也得到平和的經濟，那時惡人將止息攪擾——不是不受攪擾，困乏之人得享安息（〈約伯記〉三：十七）。

——完——

註解

22 第一卷，第四章，第一段。為節省篇幅，以後引用彌爾先生的文字只以數字標示，如此處為I，iv，1，一八四八年帕克（Parker）版本，八冊之第二冊。

23 彌爾先生若是意在證實消耗與售賣的後果有別，就應該描述五金商人是消耗自己的貨品而不是將貨品出售。同理，銀器商人也應該是貨物自用而不是賣給別人。他如果這樣寫了，會把他的立場說得更明白，但會比較站不住腳；也許這才是他本意要採取的真正立場，要不言而喻地在這篇文章裡證明他以前在別處說的那個理論（即是：商品需求不是勞動力需求）是錯的。可是我不論多麼努力詳閱這篇文字，都無法斷定他這是純粹的一個謬誤，抑或是以另外一個更大的謬誤為基礎的半個謬誤。所以我厚道地推定這只是一個謬誤而已。

24 我是根據赫爾普斯（Helps）先生論戰爭一文中的估計而言。

25 西班牙精美製作的銀瓶子被我國海關人員砸爛，因為銀這種金屬可免稅進口，用腦力精製的物品卻不可，所以砸銀瓶的斧頭是有生產力的嗎？——製作銀瓶的藝師是無生產力的嗎？再看，如果伐木人用的斧頭是有生產力的，劊子手用的是不是呢？還有，編繩索用的大麻纖維如果是有生產力的，製絞索或繮繩的大麻是否有生產力，要視它製的繩子道德上的應用而定的成分多，還是視其有形應用而定的成分多？

26 鏤絲雕飾，大抵是指只看複雜度而非藝術的裝飾品。

27 譯註：以上典出莎士比亞《馴悍記》。史萊是劇中一名酒鬼無賴。

28 這些話因為說得扼要而顯得粗略，加以詳細闡述便可看出是極為重要的。以上例子中，經濟學家始終沒看出購買的意向是需求裡一個全然道德性的成分：也就是說，你若給某人二先令六便士的硬幣，他有了這個錢算是富或窮，端看他的意向——他會用錢去買疾病或墮落、仇恨，抑或去買健康或上進、親情。所以每一件供人購買的商品有多少令人愉悅度或交易價值，是視其生產製造而定，不僅取決於商品的製造，也取決於有沒有買商品的人；從而取決於如何教育買者，取決於買者要買A商品或B商品的意向是哪些道德因素形成的。我將詳細說明每一則定義，並且適時詳述其最終後果。在這裡只能極簡約地概述；我為了使讀者能立即看清論題的來龍去脈，把四篇文字開端的定義混合為一個。四個定義是論價值（「價值為本」）；論價格（「三十塊錢」）；論生產（「狄米特」〔Demeter，編註：希臘神話中掌管農業的女神〕）；論經濟（「殿的法則」）。

29 編註：David Ricardo（一七七二—一八二三），英國政治經濟學家，被認為是最有影響力的古典經濟學家。他亦是成功的商人、金融和投機專家，累積了大量財產。在其代表作《政治經濟學及賦稅原理》中提出了比較成本貿易理論。

30 如果進一步支持李嘉圖先生的論點，也許可以說他的意思是指「當功用不變或既定，價格是隨著勞動量而變的」。假如他的意思是這樣，他就應該說出來；然而，他若是這個意思，就不大可能沒想到其必然後果便是：功用將是衡量價格的一個指標（這一點卻是他明確否認的）；而且，他若要證明可銷售性，就必須證明既定的功用之大小，也要證明既定的勞動量是多少。也就是說，他自己舉的例子中，鹿和魚分別可餵飽的人數一樣多，供給那麼多人食物的天數一樣多，使那麼多人享受美味的樂趣一樣大。事實卻是，他不曉得自己說的是什麼意思。他從商業經驗得到的籠統概念是，當需求持續不變，價格跟著生產所需的勞動力而變（自己卻不懂如何分析）；或者用我在前文中提供的方程式說明，是：當 y 不變，xy 隨 x 改變而改變。然而需求從來不會不變，也不會有終究不變那天——如果 x 明確在變。因為，價格上漲了，消費者就減少了；一旦出現壟斷（一切短缺現象都是壟斷的一種形式；每一項商品都偶爾受某種壟斷色彩之影響），y 便成為影響價格最劇的條件。因此，一幅畫的價格高低主要不是視其本身藝術價值而定，主要取決於大眾對這幅畫關注的程度；演唱的價碼高低主要不是看歌唱者付出多少心力，而是看有多少人想要聽他唱；決定黃金價格的主要不是鉑或鈦之類的那種稀有度，而是它引人讚賞的燦爛色彩與贏得人們信賴的固定純度。

然而，必須切記，我說的「需求」與經濟學家通常說的意思不大相同。他們所指的是「一件售賣的物件的量」，我說的是「買者能付出的購買意向強度」。用正確英文說，demand 不是指買者得到什麼，而是指他要的是什麼。

經濟學家也沒有注意到，物品不是憑其絕對體積或重量評定價值，而是憑物品能被使用所必需的體積重量而定。例如，有人說水沒有市場價。一杯水的確賣不出價錢，一湖泊的水卻是有市價的；正如一把土沒價錢可言，一畝土地就有了。而且，假如擁有一杯水或一把土的狀態可以永久（比如說有安置它的地方），陸地和海洋早就被一杯一杯、一把一把買光了。

31 見赫伯特（George Herbert）詩作《教堂門廊》（*The Church Porch*）第二十八節。

32 「ὁ Ζεὺς δήπου πένεται.」（「宙斯很貧窮。」）出自亞里斯多芬尼（Aristophanes）劇作《財富》（*Plutus*），第五八二行。只靠上文會減輕原文力道——「ὅτι τοῦ Πλούτου παρέχω βελτίονας ἄνδρας, καὶ τὴν γνώμην, καὶ τὴν ἰδέαν.」（貧窮說：「和我在一起，人更有價值，身心皆是，比與財富一同更好。」）。

33 〈撒迦利亞書〉五：十一。同段落相關註解見註38。

34 完全良質的勞動力，也就是說，有效的或有效率的勞動力，希臘人稱之為「可稱重量的」，即ἄξιος，通常翻譯為「有價值的」，因為意思實在而真確，所以稱其「價格」是τιμή，即有效勞動力的「誠實估值」（也就是honorarium，報酬）：這個字是基於勞力神聖的概念而來，認為勞動應受到諸神所受的那種尊敬；至於不誠實的勞動的價格，或與生活背道而馳的勞動，就不是榮譽，而是復仇；希臘人用了另一個字，認為這種價格的勒索屬於復仇三女神之一的蒂希芬妮（Tisiphone），即「死亡的報復者（討債人）」；是精通最高階算術又習慣準時的一位；她也已開立了現代的活期帳戶。

35 最確定無用的勞動，也許就是不曾針對目的有效付出的勞動，因此導致勞動不得不重來一遍。因為不合作而不能奏效的勞動亦屬之。我曾看到貝林佐納（Bellinzona）附近一小村落任由其田地被提其諾河（Ticino）淹沒而感到不解，詢問當地堂區神父才知道，農民不願合力在河谷間築堤，因為人人都說：「建了堤不是為我自己，別人也得到好處。」所以每家只在自己的田旁修起一段矮堤；提其諾河隨時高興氾濫就把田地全淹了。

36 注意，我說的是「養育」不是「生下」。是讚美第七季，不是讚美σπορητός（播種之季），也不是φυταλιά（栽植之季），而是ὀπώρα（果熟之季）。說來奇怪，人們總是熱烈稱讚瞬間奮力救命的人；卻不願稱讚多年努力犧牲而養育生命的人。我們會頒橡樹冠給英勇救人的人，獎勵他ob civem servatum（救了同胞）；為什麼不能獎勵ob civem natum（生下國民）？我是指完完整整養育國民身心，英國應該不會沒有足夠編兩種榮冠的橡樹吧。

37 彌爾先生論及有生產力的消耗時，僅意指可導致資本或有形財富增加的消耗行為。見I，iii，4以及I，iii，5。

38 〈撒迦利亞書〉五章中的異象也有抬著量器的婦人，「翅膀中有風」，不是我們的版本中的「鸛鳥的翅膀」；是《武加大拉丁文本聖經》（*Vulgate*）中的milvi（風箏）的翅膀，更準確的也許是《七十士希臘文聖經》（*Septuagint*）之中的戴勝，許多傳說都把戴勝這種鳥與財富之力相提並論，最有趣的也許就是它懇求獲得金冠羽的部分。亞里斯多芬尼的《鳥》之中，這種鳥便是主角；注意第五百五十行說「燒磚的空中堡壘，如同巴比倫」。再比較一下但丁描寫的〈地獄〉裡的財富惡鬼普魯特斯（Plutus），他是具有地獄之力的諸鬼之中唯一說話無人能懂也最膽怯的（凸顯財富的影響毀滅理智）；他聽了維吉爾說的話不是僅僅被平息或壓制，而是應聲「倒地」；他「如同帆張滿了風，在桅杆斷時倒下」，這一句隱喻道出了貪念的恐慌如何頓時不知所措。

39 原料的價值當然必須從勞力的價格扣除，彌爾先生的這些段落中沒有探討原料的價值，只因為他顧著講付給中間人工資附帶的後果，就犯了這個錯。他說：「消費者未以自己的錢付給織工一天工作的酬勞。」錯啦。消費絲絨的人用自己的錢付給織工，這與他付錢給園丁沒什麼兩樣。他大概付錢給了居於中間的船主、絲絨商人、店主；大概付了車錢、店租、損害賠償、定期貸款、保管費；這些全都是絲絨價格以外的錢（如同造園的工頭的工資是算在草坪價格以外的），然而，絲絨確實是用消費者的資金製造的，正如草坪是用消費者的資金製造的，雖然消費者是在絲絨製成六個月後才掏出錢來，雖然草地是星期一修剪整理的，而消費者到星期六下午才付錢給整地割草的園丁。我不知道彌爾先生的結論——「資本不能省掉，購買者能」（頁九八）——是否已經在倫敦大規模實踐。

40 注意，該理論與此處所探討的恰恰相反。五金業者理論要我們解雇園丁而雇用製造工；絲絨理論要我們解雇製造工而雇用園丁。

41 歐洲財富的一個十分糟糕的操作形式即是：完全是由資本家的財富支持不公義的戰爭。公義的戰爭不需要花這麼多錢，因為多數為公義而戰的人是不要求酬勞的。投入不公義的戰爭卻必須花錢去買人的身與心，還得花錢買最精良的作戰工具，所以使這種戰爭代價高到極點；何況交戰的國家之間還存在卑怯的恐懼、憤怒的猜疑，欠缺善意與誠實而無法為全國人買到片刻的內心平靜，這都是代價。目前法國和英國便是這樣，彼此年年購買價值千萬英鎊計的恐懼（收成少得出奇，是一半荊棘一半楊樹葉，是現代政治經濟學家的那門「科學」播種、收割、入倉的，這門科學教的不是真理，而是貪念）。一切不公義戰爭所需的經費支持，如果不是來自劫掠敵人財物，也只能靠向資本家借貸而來，之後再藉由向顯然無置喙之地的人民課稅來還錢，因為資本家的意願才是開戰最初的根由。不過，真正的根由其實是整個國家的貪念，貪念使一個國家不再有信念、坦誠、公義，遲早會帶來人人受損害與懲罰的後果。

42 見彌爾：「凡是有關價格的論據，當然都必須有此但書：假定各方都顧及各自利益。」（III，i，5）

43 〈雅各書〉五：四。我這些話絲毫沒有吹捧或支持常見的社會主義財產分享的概念；財產分享是社會主義的致命傷；帶來的是一切希望、一切努力、一切公理都毀滅——根本就是一團糟。信奉現代政治經濟論的人都在快速走向這個一團糟，我則是在奮力拯救他們脫離。害得窮人吃不到肉的不是富人坐擁財富，而是富人花錢的方式低劣。財富是一種力量；力量強的人不會因為保有力量不用而傷害到別人，而是因為他以會傷人的方式使用他的力量。社會主義者看見強者壓迫了弱者便高呼：「把那強者的胳臂打斷！」我卻說：「教導那強者把力量往好的方向用。」人憑堅毅與智能得到財富，造物主賜予人這兩個條件，並不是要他們把財富散光或送掉，而是要他們為服務人類而善用那些財富。換言之，用於挽救犯錯的人以及幫助弱小，也就是說，先要工作賺錢；然後在安息日使用錢——安息日的律條是保全生命而不是損失生命（〈路加福音〉十三章）。窮人老是因為犯錯或愚蠢而貧窮，正如小孩子跌進池塘通常錯在他自己，傷殘的人過路時因為體弱而跌倒。然而，多數路過的人會拉落水的孩子一把或扶起跌倒的傷殘者。就最糟糕的狀況而言，假如全世界的窮人不過像不聽話的小孩子或粗心的傷殘者，假如所有富人都是聰明而強有力的，你就會立刻看出來，社會主義者想要人人變得和他自己一樣既窮又弱又笨是不對的，富人任由小孩跌在泥塘裡不管也是不對的。

44 兩種狀況下，養活的量一樣；但分配方式不同。

45 監督人（或工頭）、輸送人（商人、船運者、零售業者等）、收訂貨單的人（受雇接收消費者指示的人），這些中間人的真正職務當然要先釐清，之後我才可進一步探討最初的製造者應得的公道酬勞是多少。但是我並未在這幾篇導論文章裡談這些人，因為伴隨這些中介功能的濫用而來的惡行，不是肇因於任何所謂的現代政治經濟學原理，而是由於個人疏失或不公。

第二版補充

我針對本書前言註4又加以補充。這段話的內容十分重要，是我寫過最珍貴的文字。我加了這段話後又將書逐頁重印，希望盡可能讓人人都可以讀到它。

我想再補充的幾句話就是，請基督徒讀者自己想想，人類的靈魂是墮落到了哪個地步，才會讀過這樣的話後還同意，更遑論寫下它了。為反駁這段話，我要引用威尼斯最古老的商業箴言，這是我在當地最古老的教堂發現的：

「在這殿堂周邊，商人的律法應公正，斤兩應實在，合約應信實。」

要是有讀者認為我的話誇張、不合理，請仔細讀我的《芝麻與百合》（*Sesame and Lilies*）第十八段；這樣讀者便會相信我如今寫的每個字，無一不是深思熟慮後選出來，最合適的字。

一八七七年三月十八日，週日，於威尼斯

附錄：一本書的神奇魔咒[1]

甘地

黑死病事件使得我對窮苦印度人更有影響力，也增加了我的業務量與肩負的責任。期間我也結識了一些歐洲人，與他們往來密切，這樣的關係大大加深了我道德層面的責任感。

我和波拉克（Polak）先生是在一家常去的素食餐廳相遇，就像我碰見維斯特（West）先生那樣。那一晚這位年輕人坐在不遠處用餐，他託人送來名片，表示想與我一會。於是我邀他移座到我這一桌，他過來了。

「我在《評論家》（*The Critic*）當副編輯。」他說：「我在報上讀了您那封關於瘟疫的信後，就很想與您見面。很高興能有機會與您聊聊。」

我受波拉克先生的率真吸引，兩人當晚便熟稔起來。我們對生命裡的重要事物抱持著相似觀點。他喜歡簡單的生活，又天賦異稟，能將腦中感興趣的事確實付諸實行，因此總給自己的人生帶來迅速又劇烈的變動。

《印度輿論》（*Indian Opinion*）花的經費一日比一日高。維斯特先生傳來的報告令我擔憂，他寫道：「我不認為這門生意像你想的那麼有利潤，甚至還可能虧本。帳目混亂，有大筆欠款該追討，讓人理不清頭緒，得好好整飭一番。不過你無須掛心，有我盡力整頓。不管賺不賺錢，我都會在這裡待下去。」

維斯特先生發現無利可圖時，大可一走了之，我也絕不會怪他。其實我無憑無據便說這生意可以獲利，他倒有權大加指責我才是。但他卻一句怨言也沒有。我有種感覺：維斯特先生發現這樣的狀況後，認為我是個容易輕信他人的人。我想也沒想就接受馬丹吉特

（Madanjit）中士的估測，完全不費心檢視，還告訴他可能有賺頭。

我這下明白了，處理公眾事務之人不該發表未經確認的言論；身為真理的追隨者，則更該小心謹慎才是。讓人相信沒有親身驗證過的事，便是在殘害真理。我不得不忍痛承認，雖然明白了這個道理，但我卻還沒克服輕信他人的毛病；這點就要歸咎到我的雄心壯志上，因為我想做的事總是太多，只靠一己之力是完成不了的。這種野心成了同事煩惱的源頭，他們比我本人還操心。

一接到維斯特先生的信，我就動身前往納塔爾（Natal）。我當時已全心信任波拉克先生了。他到車站送行，拿了本書讓我在旅途中看，說我一定會喜歡。這本書正是拉斯金的《給後來者言》。

我一開始讀這本書就停不下來，被它緊緊攫著不放。約翰尼斯堡到德班的路程要耗上二十四小時，火車傍晚抵達。我整夜未眠，決心根據這本書裡的理念改變我的人生。

這是我第一次讀拉斯金的作品。我在求學階段幾乎不看教科書以外的書，開始積極參與各種運動後，更找不到時間閱讀。因此我不敢說自己對書本有多少認識，不過卻認為自己並未因這種限制而吃虧，倒可以說，有限的閱讀反而讓我能徹底消化讀過的東西。我讀過的書裡，有一本對我的人生造成迅速又實際的改變，也就是《給後來者言》。後來我把這本書譯成古吉拉特文（Gujarati），將書名改為《萬福之書》（*Sarvodaya*）。

我想，在拉斯金的這本偉大著作中，我找到了和自己深信的理念相呼應的想法，因此才深受吸引，還改變了我的人生。所謂詩人，能引出人類心中蘊藏的善念，但他們未必能影響所有人，因為每個人生成的性格都有所差異。

我從《給後來者言》領悟的心得有：

1. 個人的利益包含在眾人的利益之內。
2. 律師的工作和理髮師的工作具有相同價值，因為每個人都有權利為營生而工作。

3.勞工的生活，即農夫、工匠等勞動者的生活，是有價值的生活。

第一點我原先便明白，第二點則隱約有點概念，第三點卻是我從未有過的想法。《給後來者言》讓我豁然開朗，想通第二、三點原來就蘊含在第一點內。天色拂曉，我起身，決心將這些原則付諸實行。

註解

1 摘自《甘地自傳：我的真理實驗》（*An Autobiography: The Story of My Experiments with Truth*），譯自德賽（Mahadev Desai）英文譯本，張雅涵譯。

國家圖書館出版品預行編目 (CIP) 資料

給後來者言：商人與企業家的社會責任 / 約翰 . 拉斯金 (John Ruskin)
著 ; 薛絢譯 . -- 初版 . -- 臺北市 : 網路與書出版 : 大塊文化發行 , 2017.1
192 面； 14.8*19.5 公分 . -- (黃金之葉 ; 14)
譯自 : Unto this last : four essays on the first principles of political
economy
ISBN 978-986-6841-60-6(平裝)

1. 經濟學

550 103022606

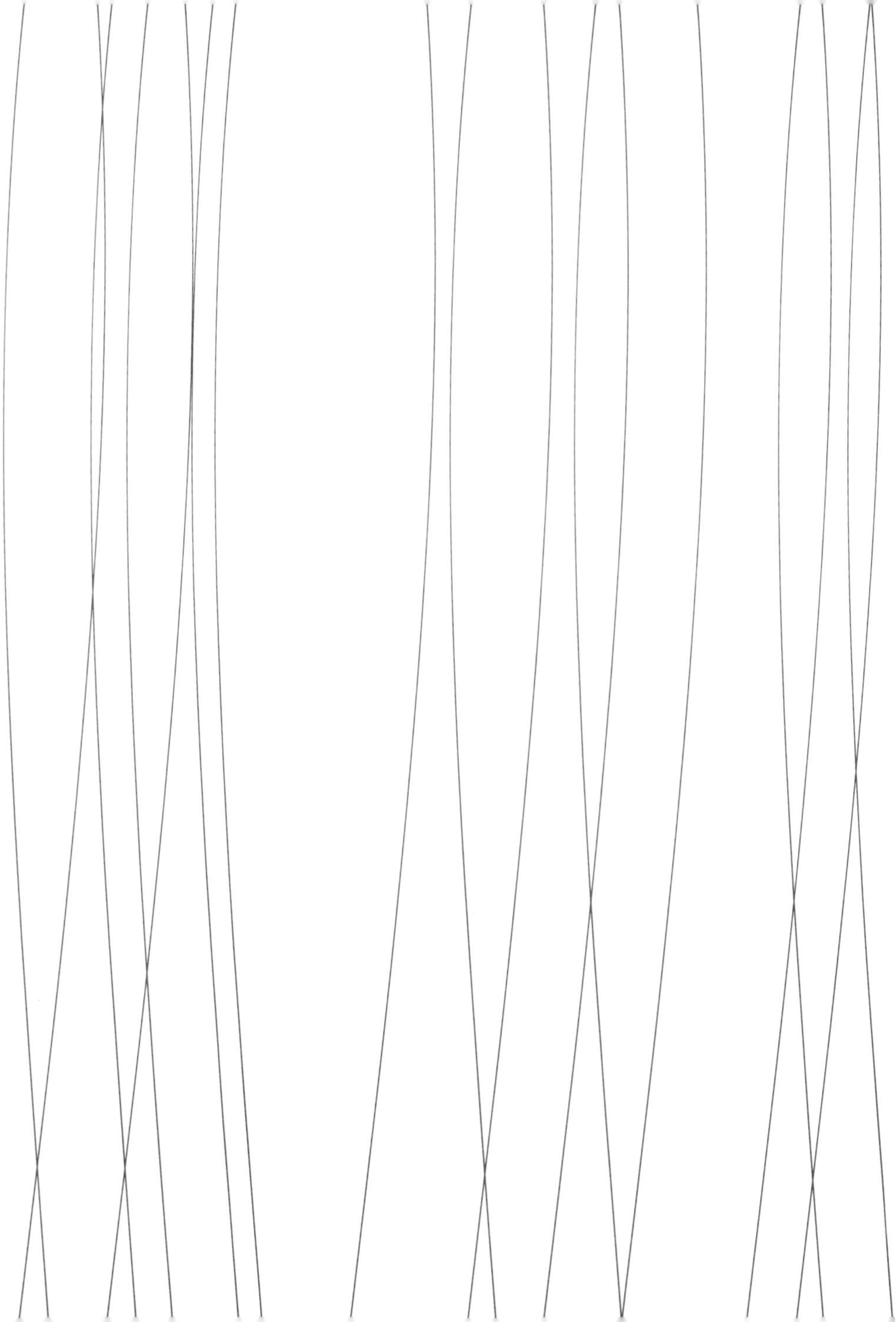

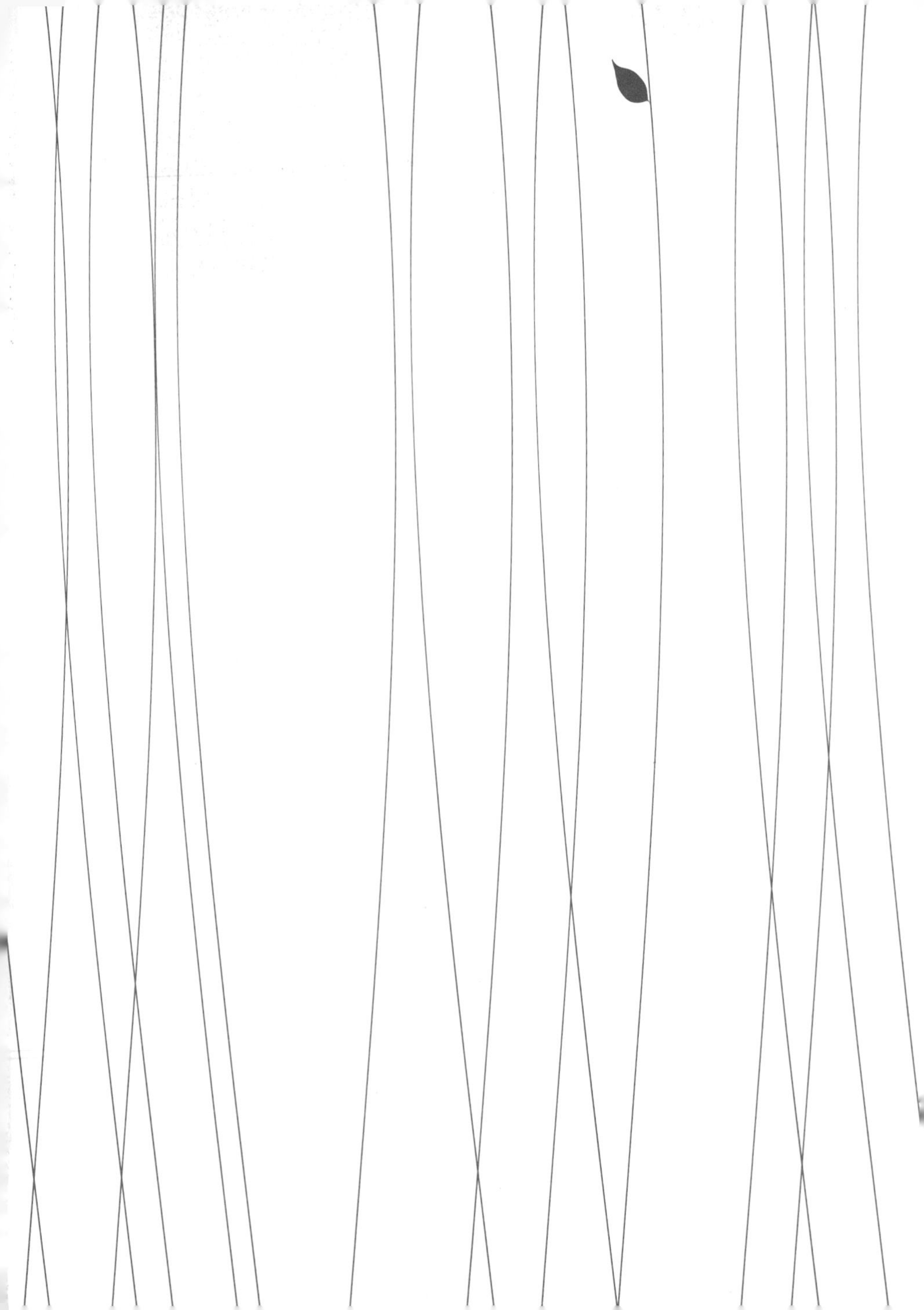